JN433393

이화 한국어

참고서

STUDY GUIDE

이화여자대학교 언어교육원
Ewha Womans University
Ewha Language Center

이화 한국어 참고서

조인숙 · 오유영 지음

English Version

6

E PRESS

이화 한국어 참고서 6 (English Version)

지은이 조인숙 · 오유영

펴낸날 초판 1쇄 2016년 9월 6일
펴낸이 권은미 **펴낸곳** 이화여자대학교출판문화원
주소 서울특별시 서대문구 이화여대길 52(우 03760) **등록** 1954년 7월 6일 제9-61호
전화 02) 3277-2965(편집), 02) 362-6076(마케팅)
팩스 02) 312-4312 **전자우편** press@ewha.ac.kr **홈페이지** www.ewhapress.com

번역 조윤정 · 최윤영 **감수** 홍영예 **진행** 김현진 · 정누리
책임편집 민지영 **디자인** 김리영 · 정혜진 **인쇄** (주)현문자현

ISBN 979-11-5890-181-3 18710
978-89-7300-875-9 (세트)
값 12,000원

* 잘못된 책은 바꾸어 드립니다.

* 이 도서의 국립중앙도서관 출판예정도서목록(CIP)은 서지정보유통지원시스템 홈페이지(http://seoji.nl.go.kr)와 국가자료공동목록시스템(http://www.nl.go.kr/kolisnet)에서 이용하실 수 있습니다. (CIP제어번호 : CIP2016020341)

Contents

Table of Contents		6
How to Use This Book		8
제1과	개인과 사회 Individuals and Society	10
제2과	창의적 사고 Creative Thinking	22
제3과	한국의 맛과 멋 Korean Taste and Style	34
제4과	학교와 교육 Schools and Education	46
제5과	한국의 문자와 언어 The Korean Alphabet and Language	58
제6과	경영 전략 Management Strategies	70
제7과	한국인의 일생 The Daily Life of Koreans	82
제8과	환경과 에너지 Environment and Energy	94
제9과	주거와 생활 Housing and Everyday Life	106
제10과	창작과 예술 Creation and Arts	118
Glossary		130

Table of Contents

Unit	Title	Contents		
		Part1		Part2
		준비합시다	들어 봅시다	준비합시다
1	Individuals and Society	G –(으)ㄴ/는 감이 있다 –(으)련마는	V&E 표준어를 구사하다 / 도움의 손길 / 양식에 맞추다 LG Listening to an interview and learning about talent donation	G –(으)ㄴ들
2	Creative Thinking	G (이)나 다름없다 –기로서니	V&E 본격적인 강의에 앞서 / 틀에 박힌 사고 / 별개의 문제이다 LG Listening to a university lecture and learning about ways to develop creativity	G –느냐에 달려 있다
3	Korean Taste and Style	G –(으)ㄴ/는 만큼 –거니와	V&E 입소문이 퍼지다 / 견인차 노릇을 하다 / 눈길을 돌리다 LG Listening to a general information program and learning about food tourism	G –느니
4	Schools and Education	G –(으)ㄴ/는 가운데 –다 못해	V&E 하늘의 뜬구름 / 단적으로 보여 주다 / 등골이 휘다 LG Listening to the public advertisement and learning about proper education	G –아/어 치우다
5	The Korean Alphabet and Language	G –자니 –네–네 하다	V&E 반감을 표시하다 / 논쟁을 벌이다 LG Listening to a lecture on the invention of the Korean alphabet, Hangeul, and learning about it's scientific features	G –되
6	Management Strategies	G –기는 고사하고 –(으)ㄹ라치면	V&E 덤으로 주다 / 딱 떨어지다 / 치밀한 계산 LG Listening to the lecture and learning about sales strategies in the distribution industry	G –ㄴ/는다는 Tell Expressions for good sales
7	The Daily Life of Koreans	G –(으)ㄴ/는 양 –는 둥 마는 둥 하다	V&E 효험이 있다 / 태교에 힘쓰다 / 언행을 삼가다 LG Listening to the lecture and learning about the birth customs of Koreans	G –(으)ㄹ지언정
8	Environment and Energy	G –는 통에 –겠거니 하고	V&E 열을 올리다 / 어려움에 직면하다 / 무분별하게 사용하다 LG Listening to the interview and learning about resources depletion and environmental problems	G –(으)ㄹ 바에(야)
9	Housing and Everyday Life	G –기(에) 망정이지 –(으)려고 들다	V&E 여름을 나다 / 빈자리를 메우다 / 과학적 원리가 숨어 있다 LG Listening to the lecture and learning about cooling methods in a traditional Korean house	G –(으)ㄴ/는 마당에
10	Creation and Arts	G –건 –건 –ㄴ/는다손 치더라도	V&E 상상력을 기반으로 만들다 / 내용을 비틀다 / 함께 어우러지다 LG Listening to the discussion and learning about cultural contents	G –(으)ㄴ/는/(으)ㄹ 바

Contents

Part2	Part3		Vocabulary Check
읽어 봅시다	어휘 확장	사자성어	
V&E 상승세를 타다 / 그 나물에 그 밥 / 공약을 내걸다 / 불신이 담겨 있다 / 힘을 실어 주다 / 냉소적인 태도를 고집하다 RG Understanding the argument and grounds for it from a piece of writing encouraging people to vote	시작 관련 표현	동병상련 / 솔선수범 / 십시일반 만장일치 / 수수방관 / 이심전심	TV Election
V&E 발상의 전환 / 속속 등장하다 / 고개를 끄덕이다 / 마저 사용하다 / 경직된 사고 / 다양한 각도에서 보다 RG Understanding ways to achieve a change in thinking and the inventions that have resulted from it	변화 관련 표현	격세지감 / 반신반의 / 변화무쌍 각양각색 / 유일무이 / 천고마비	TV Thinking
V&E 군사적인 요충지 / 고스란히 간직하다 / 산꼭대기 못지않게 전망이 멋있다 / 저마다의 매력을 뽐내다 / 경치가 돋보이다 / 예술이 살아 숨 쉬다 RG Learning about the Seoul City Wall from a magazine article	고생 관련 표현	문전성시 / 방방곡곡 / 산해진미 삼삼오오 / 유유자적 / 점입가경	TV Taste, Flavor
V&E 중소 도시 인구와 맞먹다 / 중도에 포기하다 / 만족시키기에는 역부족이다 / 경제적 뒷받침이 없다 / 구심점의 역할을 하다 / 적재적소에 배치하다 RG Learning abount the social function of schools from the column	집중 관련 표현	박학다식 / 일취월장 / 팔방미인 동문서답 / 주경야독 / 학수고대	TV Character Education
V&E 낭패를 보다 / 명사를 꾸며 주다 / 짚고 넘어가다 / 미묘한 어감의 차이 / 속뜻이 담겨 있다 / 중점을 두다 RG Learning about the characteristics of postpositional words in the Korean language	말 관련 표현	단도직입 / 왈가왈부 / 횡설수설 감언이설 / 언중유골 / 언행일치	TV Speech
V&E 시장을 움직이다 / 전설로 통하다 / 인스턴트 라면의 불모지 / 사업에 매진하다 / 발목을 잡다 / 고객의 마음을 사로잡다 / 전략을 수립하다 RG Learning about successful sale strategies through the examples in the column	경쟁 관련 표현	금상첨화 / 일확천금 / 천정부지 견물생심 / 다다익선 / 소탐대실	TV Sales Strategy
V&E 일자리를 전전하다 / 일감 부족으로 힘들어하다 / 가정 형편이 어렵다 / 회의가 들다 / 사위로 삼다 / 자식 이기는 부모 없다 RG Listening to the interview and understanding the meaning of the questions and answers	죽음 관련 표현	대기만성 / 전화위복 / 파란만장 고진감래 / 백년해로 / 자수성가	TV Death
V&E 질서를 근본적으로 뒤흔들다 / 목소리가 이어지다 / 염두에 두다 / 상생을 추구하다 / 상상 이상이다 / 이 문제로부터 자유로울 수 없다 RG Learning about the meaning of green growth from the column and ways to achieve it	끝 관련 표현	설상가상 / 속수무책 / 자업자득 과유불급 / 구사일생 / 불가항력	TV Environmental Protection in Daily Life
V&E 열기를 머금다 / 좌식 생활에 머물다 / 절대 금물이다 / 문지방을 넘다 / 취사 열기를 이용한 난방 / 온돌은 한국의 주거 문화 깊숙이(에) 스며 있다 RG Learning about the features of the ondol heating system from the magazine article on cultural heritage	잠 관련 표현	가가호호 / 사면초가 / 사상누각 동고동락 / 배산임수 / 사방팔방	TV Housing
V&E 예측이 맞아떨어지다 / 마음을 굳게 다지다 / 태도가 여리다 / 머뭇머뭇 다가오다 / 아무짝에도 쓸모없다 / 부질없는 허영심 RG Understanding how the child protagonist in the novel grows up and matures through the experiences he goes through	느낌 관련 표현	대서특필 / 유언비어 / 일맥상통 감개무량 / 시시각각 / 일석이조	TV Creative Activity

How to Use This Book

『이화 한국어 참고서 6』 is a study guide for Korean-language learners, accompanying the textbooks 『이화 한국어 6』. This study guide contains detailed explanation of the grammar, vocabulary, and expressions used in Preparation (준비합시다), Listening (들어 봅시다), Reading (읽어 봅시다), Vocabulary Expension (어휘 확장), and Four-Character Sayings (사자성어) sections of each unit.

준비합시다

Grammar Focus

Grammar points are clearly explained with morphological information in the table below, helping students to understand the usage of grammatical structures and various irregular forms. Adjectives are marked as A, verbs V, and nouns N. In addition, various examples are given to demonstrate grammar in use.

Focus Plus

More detailed explanations of grammar are given such as the constraints of certain forms differences with other similar grammatical structures and differences in meaning, to help students to reduce errors in using gramma-tical structures.

Answers

Answers to the exercises in the textbook are given. Students can check the correct answers for themselves.

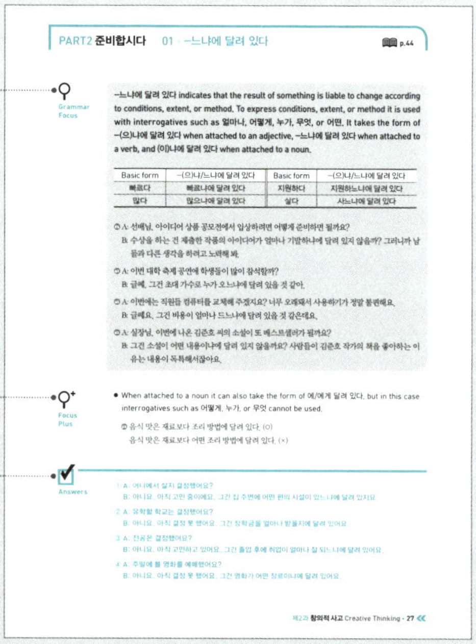

PART2 준비합시다 01 –느냐에 달려 있다 p.44

Grammar Focus

–느냐에 달려 있다 indicates that the result of something is liable to change according to conditions, extent, or method. To express conditions, extent, or method it is used with interrogatives such as 얼마나, 어떻게, 누가, 무엇, or 어떤. It takes the form of –(으)냐에 달려 있다 when attached to an adjective, –느냐에 달려 있다 when attached to a verb, and (이)냐에 달려 있다 when attached to a noun.

Basic form	–(으)냐/느냐에 달려 있다	Basic form	–(으)냐/느냐에 달려 있다
빠르다	빠르냐에 달려 있다	지원하다	지원하느냐에 달려 있다
많다	많으냐에 달려 있다	살다	사느냐에 달려 있다

A: 선배님, 아이디어 상품 공모전에서 입상하려면 어떻게 준비하면 될까요?
B: 수상을 하는 건 제출한 작품의 아이디어가 얼마나 기발하냐에 달려 있지 않을까? 그러니까 남들과 다른 생각을 하려고 노력해 봐.

A: 이번 대학 축제 공연에 학생들이 많이 참석할까?
B: 글쎄, 그건 초대 가수로 누가 오느냐에 달려 있을 것 같아.

A: 이번에는 직원들 컴퓨터를 교체해 주겠지요? 너무 오래돼서 사용하기가 정말 불편해요.
B: 글쎄요. 그건 비용이 얼마나 드느냐에 달려 있을 것 같은데요.

A: 실장님, 이번에 나온 김준호 씨의 소설이 또 베스트셀러가 될까요?
B: 그건 소설이 어떤 내용이냐에 달려 있지 않을까요? 사람들이 김준호 작가의 책을 좋아하는 이유는 내용이 독특해서잖아요.

Focus Plus

- When attached to a noun it can also take the form of 에/에게 달려 있다, but in this case interrogatives such as 어떻게, 누가, or 무엇 cannot be used.

  음식 맛은 재료보다 조리 방법에 달려 있다. (○)
  음식 맛은 재료보다 어떤 조리 방법에 달려 있다. (×)

Answers

1 A: 어디에서 살지 결정했어요?
B: 아니요. 아직 고민 중이에요. 그건 집 주변에 어떤 편의 시설이 있느냐에 달려 있지요.
2 A: 유학할 학교는 결정했어요?
B: 아니요. 아직 결정 못 했어요. 그건 장학금을 얼마나 받을지에 달려 있어요.
3 A: 전공은 결정했어요?
B: 아니요. 아직 고민하고 있어요. 그건 졸업 후에 취업이 얼마나 잘 되느냐에 달려 있어요.
4 A: 주말에 볼 영화를 예매했어요?
B: 아니요. 아직 결정 못 했어요. 그건 영화가 어떤 장르이냐에 달려 있어요.

제2과 창의적 사고 Creative Thinking · 27

Tell me!

Information that is crucial for the study of Korean is given in Q&A form.

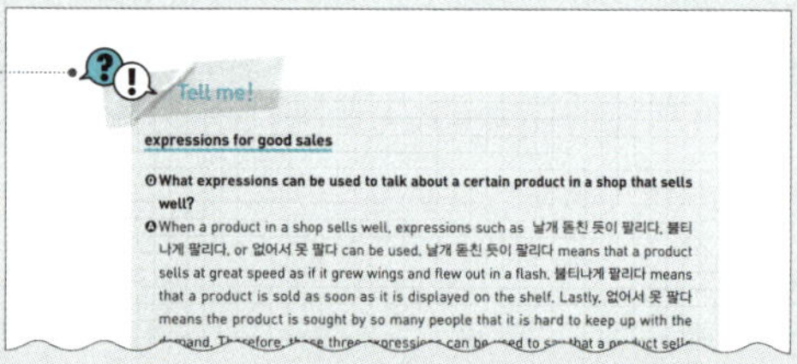

Tell me!

expressions for good sales

Q What expressions can be used to talk about a certain product in a shop that sells well?

A When a product in a shop sells well, expressions such as 날개 돋친 듯이 팔리다, 불티나게 팔리다, or 없어서 못 팔다 can be used. 날개 돋친 듯이 팔리다 means that a product sells at great speed as if it grew wings and flew out in a flash. 불티나게 팔리다 means that a product is sold as soon as it is displayed on the shelf. Lastly, 없어서 못 팔다 means the product is sought by so many people that it is hard to keep up with the demand. Therefore, these three expressions can be used to say that a product sells

들어 봅시다 / 읽어 봅시다 / 어휘 확장 / 사자성어

Vocabulary & Expression

Detailed explanations of meaning and usage are given for words and expressions that are useful in daily life. Various examples are given to increase students' understanding.

Listening Guide / Reading Guide

The types of listening and reading texts are presented to help the learners better study Listening(들어 봅시다) and Reading(읽어 봅시다) sections, together with a guide to the learning focus.

Answers

Answers to the questions in the Listening(들어 봅시다) and Reading(읽어 봅시다) sections are given along with explanations that will help students to confirm their knowledge and understand the contents.

Vocabulary Expansion

Meanings of polysemous words introduced in each unit and their sample sentences are presented.

Four-Character Sayings

The meanings of the four-character sayings presented in the textbook are given along with a variety of examples. The sayings are used in conversation to enable students to see if they are using them correctly.

Vocabulary Check

New words listed in the textbook have been translated. Vocabulary words and expressions that are related with the topic of each section are further presented. In addition, new vocabulary words from 『이화 한국어 참고서 6』 are listed in the glossary.

PART1 준비합시다 01 • -(으)ㄴ/는 감이 있다

p.20

Grammar Focus

-(으)ㄴ/는 감이 있다 expresses the speaker's thoughts or impressions of the situation in the preceding clause. It is used when the speaker thinks or feels about something in a certain way but cannot state it clearly. It takes the form of -(으)ㄴ 감이 있다 when attached to an adjective and -(으)ㄴ/는 감이 있다 when attached to a verb.

Basic form	-(으)ㄴ 감이 있다	Basic form	-는 감이 있다
지나치다	지나친 감이 있다	보내다	보내는 감이 있다
늦다	늦은 감이 있다	먹다	먹는 감이 있다

ex A: 곧 있으면 겨울이니까 이번 주에는 김장을 할까 해요.
B: 벌써요? 이제 겨우 11월 초순인데 김장하기에는 좀 이른 감이 있는 것 같은데요.

ex A: 다음 주말에 호텔을 예약할까 하는데 어때요?
B: 글쎄요. 다음 주에 예약하는 건 좀 늦은 감이 있지 않아요? 이제 곧 성수기잖아요.

ex A: 머리가 깨질듯이 아파서 두통약이라도 먹어야 할 것 같아요.
B: 최근 들어 너무 자주 약을 먹는 감이 있는데 차라리 병원에 가 보는 게 어때요?

ex A: 수진 씨, 머리를 잘랐네요. 그런데 너무 짧게 자른 거 아니에요?
B: 그러게요. 너무 짧게 자른 감이 있어서 약간 후회하고 있어요.

Focus Plus

- In the expression -(으)ㄴ/는 감이 있다, the word 감 refers to a person's thoughts or impressions. -(으)ㄴ/는 감이 들다 and -(으)ㄴ/는 감이 없지 않다 can be used alternately with few exceptions.

ex A: 정미 씨, 집들이 음식 재료를 너무 많이 사는 것 같아요. 손님이 일곱 명밖에 안 오니 재료는 그만 사는 게 좋겠어요.
B: 제가 생각해도 많이 사는 감이 없지 않은데 그래도 음식이 부족한 것보다는 나을 것 같아서요.

Answers

① A: 가전제품은 1월 10일에 구입하려고 하는데 괜찮겠지요?
B: 글쎄요. 1월 10일은 좀 이른 감이 있네요. 결혼식이 5월이니까요.

② A: 신혼여행은 20박 21일 동안 유럽으로 다녀오려고 하는데 괜찮겠지요?
B: 글쎄요. 20박 21일은 너무 긴 감이 있네요. 요즘 회사에 밀린 일이 많아서 다들 휴가를 짧게 쓰는 분위기거든요.

③ A: 결혼식에 장식할 꽃은 장미꽃으로 1,000송이를 주문하려고 하는데 괜찮겠지요?
B: 글쎄요. 1,000송이는 너무 많은 감이 있네요. 결혼식장이 별로 넓지 않으니까요.

④ A: 신혼집 대청소와 도배는 5월 2일 7시쯤 하려고 하는데 괜찮겠지요?
B: 글쎄요. 5월 2일은 좀 늦은 감이 있네요. 도배한 벽지도 말라야 하고 짐을 정리하는 시간도 필요하니까요.

Grammar Focus

–(으)련마는 is used to express the speaker's regret or discontent when the condition in the preceding clause is not realized despite anticipations that it would be. Therefore, the preceding clause expresses the speaker's state of mind as he/she anticipates fulfillment of a certain condition while the following clause shows the real situation where the condition is not fulfilled. –(으)련만 can be shortened to –(으)련만. It is attached to an adjective or a verb and when attached to a noun it takes the form of (이)련마는.

Basic form	–(으)련마는	–았/었으련마는
예쁘다	예쁘련마는	예뻤으련마는
좋다	좋으련마는	좋았으련마는
가다	가련마는	갔으련마는
받다	받으련마는	받았으련마는
행복이다	행복이련마는	행복이었으련마는

ex A: 기숙사에서 같은 방을 쓰는 친구가 일본 사람이라면서요?
B: 네. 그런데 제가 일본어를 할 줄 알면 좋으련마는 전혀 못해서 답답해요.

ex A: 정미 씨는 부모님 중에 어떤 분을 닮았어요?
B: 저는 아버지를 닮았어요. 어머니를 닮았으면 예뻤으련만.

ex A: 할머니, 시골 작은아버지 댁에 가신다고 하지 않으셨어요?
B: 그랬지. 장마가 끝나야 편하게 가련만 비가 좀처럼 그치지 않는구나.

ex A: 미셸 씨는 오늘도 김치볶음밥을 만들어 먹었대요?
B: 네. 같은 음식을 매일 먹으면 싫증이 나련만 오늘도 또 같은 걸 먹었어요. 정말 좋아하나 봐요.

ex A: 지난번 태풍으로 피해를 입은 농민들이 많은 어려움을 겪고 있다고 해서 봉사 활동을 하러 갈까 하는데 같이 갈래요?
B: 저도 시간이 있으면 가서 도우련만 시간이 통 나지 않네요.

ex A: 민호 씨하고 영민 씨가 심하게 싸우고 아직까지 화해를 안 했다면서요?
B: 네. 화가 풀릴 때도 됐으련만 지금까지 서로 말도 안 하고 있어요.

ex A: 수진아, 그 나이쯤 됐으면 직업을 가질 때도 됐으련만 넌 왜 아직도 일할 생각을 안 하니?
B: 일을 찾기가 어디 쉽나요? 곧 찾을 테니까 조금만 기다려 주세요, 엄마.

Focus Plus

- –(으)련마는 is not used in sentences with endings expressing a command, advice, request, or suggestion such as –(으)세요 or (으)ㅂ시다.

ex 이치로 씨에게 돈을 빌려 달라고 하면 빌려 주련마는 왜 부탁을 하지 않는지 모르겠어요. (○)
이치로 씨에게 돈을 빌려 달라고 하면 빌려 주련마는 부탁해 보세요. (×)

- –(으)련마는 is often used in conjunction with –(으)면 in the form of –(으)면 –(으)련마는.
–(으)련마는 can also be used to end a sentence.

ex A: 아드님이 올해 다시 입학시험을 보지요?
B: 네. 이번에는 꼭 합격하면 좋으련마는 경쟁률이 워낙 높아서 걱정이에요.

ex A: 요즘 집값이 많이 떨어져서 그런지 자기 집을 장만하려는 사람들이 늘고 있대요.
B: 저도 신문에서 봤어요. 저에게도 여윳돈이 좀 있다면 이런 좋은 기회에 집을 사련마는.

- –(으)련마는 can be used alternately with –(으)ㄹ 텐데 (See『이화 한국어 3-1』 Chapter 7, p.144) with few exceptions.

ex A: 할머니, 미국에 있는 삼촌이 이번 주에 한국에 온다고 하지 않았어요?
B: 그랬지. 그런데 언제 오는지만 알면 공항에 마중이라도 나가련만 오는 날짜를 모르니
마냥 기다릴 수밖에…… (=나갈 텐데)

ex A: 아버님, 추운 날씨 때문에 요즘 밖에도 못 나가고 계속 집에만 있으시려니 답답하시지요?
B: 그러게 말이다. 날씨라도 풀리면 근처 공원이라도 가련만 올겨울은 너무 춥구나.
(=갈 텐데)

Answers

① A: 올해 신입 사원을 많이 뽑을 수 있을까요?
B: 경기가 좋으면 신입 사원을 많이 뽑으련마는 경제 사정이 좋지 않아서 사람을 적게 뽑을 수밖에 없을 것 같은데요.

② A: 차를 새로 살 거예요?
B: 월급이 좀 오르면 작은 차라도 살 수 있으련마는 지금 월급으로는 새 차를 사는 건 아무래도 무리인 것 같아요.

③ A: 일이 끝난 후에 영화를 보러 갈 수 있어요?
B: 일이 빨리 끝나면 영화를 보러 갈 수 있으련만 업무가 밀려서 도저히 짬을 낼 수 없을 것 같아요.

④ A: 무사히 비행기를 탔어요?
B: 30분만 일찍 집에서 나왔으면 비행기를 탔으련만 공항에 도착했을 때 이미 비행기는 떠나 버린 후였어요.

 p.22

PART1 들어 봅시다 재능 기부에 대한 인터뷰 듣기

Vocabulary & Expression

표준어를 구사하다	to speak standard language

구사하다 means to have a good command of language. As in the expressions 외국어를 구사하다 and 비유법을 구사하다, it is used in the form of N을/를 구사하다.

ex A: 영민 씨, 부산 사람 맞지요? 그런데 사투리를 전혀 안 쓰시네요.
B: 네. 그런데 지방 출신이라고 모두 사투리를 쓰는 건 아니에요. 표준어를 정확하게 구사하는 사람이 얼마나 많은데요.

도움의 손길	helping hand

손길 means an outstretched hand to be either grasped or pushed away. 도움의 손길 is a metaphor for helping others. It is often used in expressions such as 도움의 손길을 내밀다 and 도움의 손길이 필요하다.

ex 최근 소외 계층을 위해 도움의 손길을 내미는 사람들이 늘고 있다.

양식에 맞추다	to follow standard format

This expression means to do something according to a set form or standard.

ex A: 부장님, 지난번 회의에서 말씀드렸던 프로젝트 제안서입니다. 검토 좀 부탁드립니다.
B: 잠깐만요. 내용은 좋은데 제안서 양식이 잘못되었군요. 제안서 양식에 맞춰 가져오시면 그때 검토하도록 하지요.

Listening Guide

This is part of an interview with a person who has donated her talent to help the disabled. Listen to this excerpt and take notes on answers to questions regarding the motivation for talent donation, explanation of talent donation and related activities, and donor qualifications. (☞『이화 한국어 6』 Track 3)

Answers

(1) ④ 여자는 목소리 기부의 활동 내용 및 시각장애인을 위한 재능 기부 활동의 종류와 참여 방법을 자세히 설명하고 있다.

(2) 우연한 기회에 회사 게시판에 붙은 '시각장애인복지관'의 홍보 도우미 모집 광고가 계기가 되었다.

(3) ④ 무료 강좌에 대해서는 언급하지 않았다. 여자는 시각장애인복지관을 통해 봉사를 하고 있다. 여자가 경험하거나 소개한 활동에는 영상물의 내레이션, 낭독 봉사, 책 내용 입력 봉사, 교정 봉사가 있다.

(4) 교재 정답 200쪽 참고

Grammar Focus

-(으)ㄴ들 indicates that even while acknowledging the supposed condition in the preceding clause, the result in the following clause is contrary to expectations. The following clause generally expresses a strong supposition or conclusion, or a rhetorical question such as 되겠어?, 있겠어?, or 할 수 있겠어? It is attached to an adjective or a verb. When attached to a noun, it takes the form of 인들.

Basic form	-(으)ㄴ들	Basic form	-(으)ㄴ들
바쁘다	바쁜들	걷다	걸은들
넓다	넓은들	벌다	번들
가다	간들	있다	있은들
찾다	찾은들	회장이다	회장인들

ex A: 영민 씨, 이상형이 어떻게 돼요?
B: 전 성격을 제일 중요하게 생각해요. 성격이 좋지 않으면 아무리 얼굴이 예쁜들 오래 사귈 수 있겠어요?

ex A: 컴퓨터 아직도 못 고쳤어요? 마이클 씨가 컴퓨터에 대해서 잘 아니까 와서 좀 도와 달라고 하는 게 어때요?
B: 전원이 켜지지도 않는데 마이클 씨가 온들 고칠 수 있겠어요? 그냥 서비스 센터에 맡겨야 할 것 같아요.

ex A: 김민수 대리, 안 팔려서 창고에 쌓아 놓은 재고품 있지? 그거 가격을 좀 낮춘다면 팔리지 않을까?
B: 글쎄요. 가격을 아무리 낮춘들 유행이 지나간 물건이라서 잘 안 팔릴 것 같은데요.

ex A: 마이클 씨는 완벽해서 실수라고는 전혀 안 할 줄 알았는데 웬일로 실수를 다 했대요?
B: 제아무리 똑똑하고 잘난 사람이라고 한들 왜 실수가 없겠어요? 마이클 씨도 사람인데 당연히 실수할 때가 있겠죠.

ex A: 저는 근무시간도 짧고 보수도 많은 회사에서 일했으면 좋겠어요. 이왕이면 휴가도 길었으면 좋겠고요. 어디 그런 회사가 없을까요?
B: 그런 회사가 있다고 한들 어디 들어가기가 쉽겠어요? 아마 경쟁률이 어마어마하게 높을걸요.

ex A: 수진 씨처럼 모든 일에 무관심한 사람도 자식 교육 문제만큼은 신경을 엄청 쓰는군요.
B: 그 사람인들 자식 문제 앞에서까지 태연하기가 어디 쉽겠어요? 아마 자식을 둔 부모의 마음이야 다 똑같을 거예요.

Focus Plus

- –(으)ㄴ들 is also used in expressions indicating an indirect quote such as –다고 한들 or –(으)ㄴ/는다고 한들. In the case of 있다 and 없다, it can be used in the form of 있은들 and 없은들 but is generally used in the form of 있다고 한들 and 없다고 한들.

  ex A: 수진 씨, 어제 뉴스에서 봤는데 신입사원 40%가 일이 너무 힘들어서 1년 안에 회사를 그만둔다고 하네요.
  B: 정말요? 아무리 일이 힘들다고 한들 어렵게 들어간 회사를 그만두다니요. 요즘 취업하기도 얼마나 힘든데요.

  ex A: 정미 씨, 요즘 차 안 가지고 다니세요?
  B: 네. 기름 값이 너무 올라서요. 기름 값 때문에 차가 있다고 한들 어디 타고 다닐 수나 있겠어요?

- –(으)ㄴ들 can be used alternately with –ㄴ/는다고 하더라도 (See 『이화 한국어 5』 Chapter 4. p.74) to indicate that even under a supposed situation, the result remains unaffected.

  ex A: 사장님, 재계약을 하자는 거래처의 제안을 받아들이실 건가요?
  B: 글쎄요. 서로 간의 입장이 다르다 보니 계약을 유지한들 양쪽 회사에 도움이 되지는 못할 것 같군요. (=유지한다고 하더라도)

  ex A: 수진 씨, 어제 친구들 앞에서 수진 씨에 대해 안 좋게 말한 거 미안해요. 수진 씨는 이해심이 많은 사람이니까 이제 그만 화를 좀 푸세요.
  B: 뭐라고요? 아무리 이해심이 많은 사람이라고 한들 그런 심한 말을 듣고 어디 쉽게 화를 풀 수 있겠어요? (=사람이라고 하더라도)

Answers

① A: 내일 중요한 시험이 있는데 밤새워서라도 공부해야겠어요.
B: 어려운 시험인데 밤새워 공부한들 벼락치기를 하면 기억이 나겠어요?

② A: 요즘 체력이 달려서 힘든데 영양제라도 먹어야겠어요.
B: 영양제를 먹은들 영양가 있는 음식을 꾸준히 먹지 않는다면 소용이 있겠어요?

③ A: 어제 화장품을 하나 샀는데 향이 마음에 들지 않아서 바꾸러 갈까 해요.
B: 이미 개봉해서 사용했는데 화장품을 바꾸러 간들 주인이 교환해 주겠어요?

④ A: 결석을 해서 필기를 못했는데 친구의 공책이라도 빌려서 공부해야겠어요.
B: 공책을 빌린들 직접 설명을 듣지 않는다면 이해가 되겠어요?

Vocabulary & Expression

상승세를 타다 | **to be on the rise**

상승세 means a rising trend, and 상승세를 타다 indicates that something is continuing to rise strongly. Similar expressions include 상승세를 보이다, 상승세를 나타내다, and 상승세를 이어가다.

ex A: 이번에 명성제약에서 암을 치료할 수 있는 신약 개발에 성공했다면서요? 이제 그 회사 주가가 오르는 건 시간문제겠어요.
B: 이미 주가가 상승세를 타고 있는 것 같던데요? 투자자들이 주식을 사들이고 있다고 들었거든요.

ex 1인 가구가 많아지면서 소형 아파트 가격이 가파른 상승세를 보이고 있다.

그 나물에 그 밥 | **the same rice with the same vegetables**

그 나물에 그 밥 refers to meals which are always the same, consisting of rice and the same side dishes. It is an expression used to indicate that something that has no change or variation and hence is cliched and stale.

ex A: 영민 씨, 이번에 우리 부서로 새로 오시는 부장님은 정말 괜찮은 분이라는 소문 들었지요?
B: 네, 저도 듣기는 했는데 이번에도 그 나물에 그 밥일걸요. 그동안 좋은 부장님이라고 해서 오신 분들 모두 별로였잖아요.

ex 텔레비전 오락 프로그램의 형식과 내용이 모두 그 나물에 그 밥이라며 비판하는 시청자가 많다.

공약을 내걸다 | **to make a public promise/pledge**

공약 means a promise or pledge to do something made to the public, particularly by an election candidate. 선거 때 내건 공약 refers to an election campaign promise.

ex A: 이번 국회의원 선거에 나선 후보들이 어떤 공약을 내걸었대요?
B: 주로 경제와 교육 문제를 해결할 수 있는 공약을 내걸었다고 하던데요.

ex 대통령 선거에서 당락이 결정되는 조건 중에 하나는 얼마나 국민이 만족할 수 있을 만한 공약을 내거느냐이다.

불신이 담겨 있다 | **to reflect disbelief**

This expression means that something reflects or contains disbelief or lack of faith. Similar expressions include 불신이 크다, 불신이 팽배하다, 불신을 사다, and 불신에 빠지다.

ex A: 교수님, 최근 국회의원 선거 투표율이 지속적으로 떨어지고 있는데 특별한 이유가 있습니까?
B: 선거에 대한 국민들의 무관심 때문일 겁니다. 이러한 행동 뒤에는 정부에 대한 불신이 담겨 있다고 볼 수 있습니다.

힘을 실어 주다	to support

This expression means to support someone or something and provide assistance accordingly. It can be used alternately with expressions such as 힘이 되어 주다 or 힘을 보태 주다.

ex A: 마이클 씨가 우리 학교 회장 선거에 나가잖아요. 우리가 뭘 도와주면 좋을까요?
B: 선거운동에 참여하면 어때요? 그게 마이클 씨한테 힘을 실어 줄 수 있을 것 같은데요.

ex A: 김민수 작가님, 이번에 문학상을 받으셨는데 수상 소감 한 말씀 해 주시지요.
B: 네. 제가 이렇게 큰 상을 받을 수 있었던 건 모두 독자 여러분 덕분입니다. 제가 글을 쓸 수 있도록 힘을 실어 주신 독자 여러분께 진심으로 감사 말씀 드리고 싶습니다.

냉소적인 태도를 고집하다	to maintain a scornful attitude

This expression means to maintain an indifferent or scornful attitude to something. Similar expressions that are commonly used include 냉소적으로 대하다 and 냉소적으로 바라보다.

ex A: 정미 씨, 우리처럼 돈도 없고 인맥도 없는 사람은 취업하기 어려워요.
B: 취업에 대해 너무 냉소적이네요. 그렇게 냉소적인 태도를 고집하면 취업하기 더욱 어려워요.

Reading Guide

This piece of writing is a contributed article encouraging young readers to vote in the elections. Read the article, first checking the writer's occupation and the title and then examining the writer's argument and grounds for that argument with regard to the purpose of the article. (☞『이화 한국어 6』 p.28)

Answers

(1) ④ 선거에 무관심한 20대의 의견을 먼저 제시하고 이에 대해 반론하는 주장과 주장의 근거를 들어(본론의 '먼저', '다음으로', '마지막으로' 부분) 20대의 투표 참여를 촉구하고 있다.

(2) ③ 투표와 관련된 약간의 불편은 감수해야 한다고 했다.

(3) 교재 정답 200쪽 참고. 20대는 취업을 더 우선시하는 현실적인 사고 방식을 가지고 있는 반면 글쓴이는 취업 문제의 해결을 위해서 투표하는 노력을 해야 한다고 했다. 20대는 외지 생활로 인해 투표가 어려울 뿐만 아니라 부재자 투표도 쉽지 않기 때문에 선거에 참여하기 힘들다고 말하고 있지만 글쓴이는 그러한 불만에 대해 어른스럽지 못하다고 비판하고 있다.

Vocabulary Expansion

발을 들여놓다 to set foot in a certain field

들여놓다 means to bring something from the outside to the inside. 발을 들여놓다 indicates to go into a certain project or situation and therefore means to start work in a certain field.

ex A: 수진 씨, 이번에 새로 뽑힌 국회의원은 정치 경력이 얼마 안 됐다고 하던데 정말이에요?
B: 네, 변호사로 오래 일하다가 1년쯤 전에 정치에 발을 들여놓았다고 하더군요.

서막을 올리다 to begin something new

서막 means the start of a new undertaking. It is generally used in the form of 서막이 오르다 to indicate the beginning of an important occurrence or event.

ex A: 뉴스에서 들었는데 시청 앞에서 열린 집회가 환경 운동의 서막을 올린 사건이래요.
B: 그래요? 그 집회 덕분에 환경에 대한 사람들의 관심이 커졌나 보네요.

운을 떼다 to start a topic

This expression means to start a topic of conversation by saying something that will lead into the discussion or arouse the listener's interest.

ex A: 이번에 중요한 모임에서 사회를 보게 되었는데요. 어떤 이야기로 행사를 시작하는 게 좋을까요?
B: 글쎄요. 사회자가 마이크를 잡으면 보통 날씨에 대한 이야기로 운을 떼지 않나요?

첫 단추를 끼우다 to take the first step

This literally means to fasten the top button on one's clothes first and refers to taking the first step in a process or new undertaking. It is generally used in expressions such as 첫 단추를 잘 끼워야 한다.

ex A: 김민수 씨, 내일 월드컵 축구 첫 경기가 시작되는데 어떤 각오로 경기에 임하실 겁니까?
B: 첫 단추를 잘 끼워야 모든 일이 잘된다는 말이 있듯이 내일 첫 경기에서 꼭 이기겠습니다.

출발선에 서다 to stand at the starting line

This expression refers to the situation just before starting something new when all preparations have been completed.

ex A: 선생님, 내일 졸업식이라는 게 실감이 나지 않고 두렵기만 해요.
B: 인생의 새로운 출발선에 서게 되니까 아마 긴장이 돼서 그럴 거예요.

Four-Character Sayings

동병상련

동병상련 is an expression of sympathy used by people who are in a similarly difficult situation. It is generally used in the form of **동병상련이다** or **동병상련을 느끼다.**

ex A: 저는 낮에 일하면서 밤에는 학교에 다니고 있는데 많이 힘드네요.
B: 저도 그래요. 동병상련이라고 저도 그 어려움을 알 것 같아요.

솔선수범

솔선수범 means to take the initiative and lead by example. It is generally used in the form of **솔선수범하다** or **솔선수범을 보이다.**

ex A: 사장님, 왜 엘리베이터를 타지 않고 계단으로 올라가십니까?
B: 회사에서 에너지를 절약하자는 캠페인을 벌이고 있는데 내가 먼저 솔선수범을 보여야지.

십시일반

십시일반 means making a full bowl of rice by having many people contribute a spoonful each. It is used to express the idea that many people joining together can easily help one person. It is generally used in the form of **십시일반으로 모으다.**

ex 불우이웃을 돕기 위해 십시일반 모은 성금이 천만 원을 넘었다.

만장일치

만장일치 means that all people concerned in a matter are in agreement. It is generally used in the form of **만장일치이다.**

ex 학생회에서 회장 선거를 한 결과 김민호가 만장일치로 당선되었다.

수수방관

수수방관 means standing by with arms crossed. It refers to leaving something alone, without getting involved or helping, and is generally used in the form of **수수방관하다.**

ex A: 어제 옆 반에서 싸움이 난 모양인데 친구들이 말리기는커녕 구경만 하고 있었대.
B: 친구들이 싸움을 말리지 않고 수수방관하고 있었다고? 어떻게 그럴 수가 있지?

이심전심

이심전심 means that two people are of the same mind. It is generally used in the form of **이심전심으로 통하다** or **이심전심이다.**

ex A: 진희 씨, 날씨도 더운데 우리 오늘 점심으로 냉면 어때요?
B: 저도 마침 냉면이 먹고 싶었어요. 이심전심으로 마음이 통했네요.

Vocabulary Check

Part 1 준비합시다 01

- 지원하다 — to apply for
- 청첩장 — invitation card
- 수량 — number
- 도배 — wallpaper

Part 1 준비합시다 02

- 푸념하다 — to grumble, to complain

Part 1 들어 봅시다

- 재능 기부 — talent donation
- 시각장애인 — the visually impaired
- 점자 — Braille
- 시각장애 — visual impairment, blindness
- 낭독 — reading aloud
- 음성 — sound
- 영상 — video
- 강좌 — lecture
- 개설 — establishment
- 검색창 — search bar/box
- 동참하다 — to participate
- 생소하다 — to be unfamiliar/new
- 구사하다 — to use skillfully, to have a good command of
- 인적 사항 — personal details
- 기재하다 — to write down

Part 1 말해 봅시다

- 풍요롭다 — to be abundant
- 취지 — purpose, objective
- 초창기 — early period/stage
- 인재 — talented person
- 발굴하다 — to pick out, to discover
- 환원 — returning, giving back
- 다방면 — many fields, all areas
- 병행되다 — to take place at the same time
- 몸담다 — to belong to, to work for
- 오지 — remote place
- 재해 — disaster
- 처참하다 — to be wretched, to be appalling
- 지구촌 — global village

Part 2 준비합시다 01

- 얼음찜질 — ice massage
- 벼락치기 — rush job
- 체력이 달리다 — to have weak stamina

Part 2 읽어 봅시다

- 연령대 — age group
- 투표율 — voting rate
- 투표일 — election day
- 투표소 — voting booth
- 부재자 — absentee
- 간소화하다 — to simplify
- 사회관계망 서비스(SNS) — social network service
- 유권자 — voter
- 국회의원 — lawmaker, general assembly member
- 선거 — election
- 저조하다 — to be low
- 상승세 — rising trend
- 고무적 — encouraging
- 냉소적 — indifferent, scornful
- 외지 — place away from home
- 기꺼이 — willingly
- 설득력 — persuasiveness

Part 2 써 봅시다

- 헌혈 blood donation
- 고귀하다 to return home
- 부쩍 persistently
- 급감하다 to suddenly decrease
- 베풀다 to give, to donate
- 위태롭다 to be perilous
- 필자 writer, author
- 외과의사 surgeon
- 위독하다 to be seriously ill
- 보유량 holdings
- 적정 proper, reasonable
- 인공적 artificial
- 부디 by all means
- 장기 (human body) organ

Part 3 과제 활동

- 내레이터 narrator
- 내레이션 narration
- 말끔하다 to be neat, to be tidy
- 다듬다 to trim, to cut
- 빛을 발하다 to shine brightly
- 찬란하다 to be brilliant, to be splendid
- 환하다 to be bright
- 속성 quality, attribute
- 유기 동물 abandoned animal
- 복지 시설 welfare facility
- 활성화 activation, promotion

Part 3 어휘 확장

- 뻔하다 to be obvious/evident
- 기원하다 to pray

Part 3 사자성어

- 몸소 personally, in person

Topic Vocabulary

Election

- 개표하다 to count votes
- 낙선하다 to fail to be elected
- 당선되다 to be elected
- 선거권을 가지다 to have voting rights/suffrage
- 선거를 치르다 to hold an election
- 선거에 나가다 to run for office, to run in an election
- 선거에 출마하다 to run for office, to run in an election
- 선거운동을 하다 to campaign, to hold an election campaign
- 표를 던지다 to cast one's vote
- 후보를 찍다 to vote for a candidate

Grammar Focus

(이)나 다름없다 means that when the content of the preceding clause is compared with the content of the following clause, there is so little difference that they are the same or very similar. It is used when two situations or facts are very similar or almost the same and is attached to a noun.

Noun	(이)나 다름없다	Noun	(이)나 다름없다
무료	무료나 다름없다	가족	가족이나 다름없다
친구	친구나 다름없다	사실	사실이나 다름없다

ex A: 소희야, 정말 오랜만이다. 너는 어떻게 하나도 안 변했어?
B: 수진아, 너야말로 졸업한 지 10년이 지났는데 지금도 고등학교 때나 다름없네.

ex A: 길 건너편에 있는 슈퍼마켓에서 세일을 하는데 과자가 전부 100원씩이래요.
B: 그래요? 거의 공짜나 다름없네요. 저도 좀 사러 가야겠어요.

ex A: 유키 씨, 아까 같이 있던 사람이 친언니예요?
B: 아니에요. 아는 언니인데 어릴 때부터 동네에서 한 형제처럼 자라서 친언니나 다름없는 사이예요.

ex A: 나타샤 씨, 아까부터 뭘 그렇게 보고 있어요?
B: 딸 사진인데 일하다가 힘들면 아이 사진을 봐요. 저에게는 아이 사진이 활력소나 다름없거든요.

ex A: 오늘 너무 덥지 않아요? 현재 기온이 32도래요.
B: 정말요? 아직 6월 초밖에 안 되었는데 32도라니 한여름이나 다름없네요.

ex A: 요즘 날씨가 더워서 그런지 영 입맛이 없어요. 보약이라도 지어 먹을까 봐요.
B: 보약도 좋지만 밥이 보약이나 다름없다는 말도 있잖아요. 밥을 잘 챙겨 먹으면 훨씬 괜찮아질 거예요.

ex A: 이치로 씨는 못 먹는 한국 음식도 없고 한국말도 어쩌면 저렇게 잘하지요?
B: 한국에서 산 지 20년이 넘었으니까요. 거의 한국 사람이나 다름없어요.

ex A: 티엔 씨, 그 옷 새로 샀어요?
B: 새로 산 건 아니지만 두세 번밖에 입지 않아서 새 옷이나 다름없어요.

Focus Plus

- When attached to a verb, (이)나 다름없다 takes the form of −(으)ㄴ/는 것이나 다름없다.

ex A: 사장님이 김 부장님에게 다음 주에 있을 계약을 담당하라고 하셨대요.
B: 그건 올해 가장 큰 계약이잖아요. 그 일을 맡기셨다면 김 부장님을 완전히 믿는 것이나 다름없네요.

ex A: 마이클 씨, 쓰기 숙제는 다 했어요? 저는 이제 마지막 단락만 쓰면 돼요.
B: 정말요? 그럼 다 한 거나 다름없네요. 저는 이제 겨우 첫 번째 단락을 쓰고 있어요.

- (이)나 다름없다 can also be used in the form of 와/과 다름없다.

ex A: 민수야, 너 요즘 대학 입학시험을 다시 준비하고 있다면서?
B: 응. 원하는 학교에 가려고 재수하고 있어.
A: 다시 고3이나 다름없구나.
(= 고3과 다름없구나)

ex A: 수진 씨, 그게 점심이에요? 사과 하나로 괜찮겠어요?
B: 네, 요즘 체중 조절을 하고 있거든요. 그래서 이 사과가 점심이나 다름없어요.
(= 점심과 다름없어요)

- (이)나 다름없다 can also be used in the forms of (이)나 다름없이 or 와/과 다름없이.

ex A: 민수 씨, 지각 한 번 안 하더니 오늘은 왜 이렇게 늦었어요?
B: 아침에 평소와 다름없이 나왔는데 시청 앞에서 교통사고가 나서 길이 너무 막혔거든요.

ex A: 주말에 개봉한 '우주여행2' 봤지요? 어땠어요? 이번에도 꽤 흥행할 것 같다고 하던데요.
B: 전편이나 다름없이 정말 재미있더라고요. 그리고 현재 흥행 순위도 1위래요.

Answers

① A: 월급은 그대로인데 물가가 많이 올랐어요.
B: 그래요? 월급이 그대로인데 물가가 올랐다는 건 월급이 준 거나 다름없어요.

② A: 마이클은 일주일에 여섯 번 테니스를 친대요.
B: 그래요? 일주일에 여섯 번 테니스를 친다는 건 거의 매일 테니스를 치는 거나 다름없군요.

③ A: 우리 반에서 요코만 빼고 모두 문화 수업에 참석했어요.
B: 그래요? 요코만 빼고 모두 왔다는 건 학생들 대부분이 문화 수업에 참석한 거나 다름없네요.

④ A: 남편이 집안일을 도와준다고 해도 설거지만 하고 그 외의 집안일은 전혀 안 해요.
B: 그래요? 남편이 설거지만 한다는 건 집안일이 거의 다 아내의 몫인 거나 다름없네요.

Grammar Focus

-기로서니 means that while recognizing the content of the preceding clause as a fact, it cannot be the reason or condition for the content of the following clause. Therefore, the preceding clause cannot contain supposed content. The following clause often ends with a rhetorical question such as -겠어? or -(으)ㄹ까? -기로서니 is attached to an adjective or a verb.

Basic form	-기로서니	-았/었기로서니
지치다	지치기로서니	지쳤기로서니
무섭다	무섭기로서니	무서웠기로서니
마시다	마시기로서니	마셨기로서니
짓다	짓기로서니	지었기로서니

ex A: 며칠째 야근을 했더니 너무 피곤하네요.
B: 아무리 피곤하기로서니 회의 시간에 그렇게 졸면 어떡해요? 부장님이 여러 번 쳐다보셨어요.

ex A: 영민아, 정말 미안해. 이번 동창 모임에는 꼭 가려고 했는데 회사 일이 많아서 갈 수가 없었어.
B: 아무리 일이 많기로서니 전화 한 통 할 시간도 없었어? 다들 너를 얼마나 기다렸는데.

ex A: 어휴, 영화가 너무 무서워서 보는 동안 정말 혼이 났어요.
B: 마이클 씨, 영화가 좀 무섭기로서니 극장에서 그렇게 소리를 지르면 어떡해요?

ex A: 회사 앞에 있는 유명 레스토랑의 햄버거가 하나에 3만 원이래요.
B: 아무리 유명한 요리사가 만들기로서니 햄버거 하나에 3만 원이라니 너무 비싸네요.

ex A: 여보, 우리가 처음 만난 때를 기억해? 그때 내가 당신 옷에 커피를 쏟았었잖아.
B: 그럼. 아무리 세월이 흘렀기로서니 그 일을 어떻게 잊을 수 있겠어? 그 일 덕분에 우리가 연애도 하고 결혼까지 하게 됐는데.

ex A: 요코 씨가 1년 동안 준비했던 시험에 떨어져서 일주일째 집 밖으로 나오지 않고 있대요.
B: 정말요? 시험에 떨어졌기로서니 그렇게 집에만 있으면 더 힘들 텐데 걱정이 되네요.

Focus Plus

- -기로서니 is often used together with 아무리.

  ex A: 줄리앙, 저 여자가 아무리 예쁘기로서니 그렇게 빤히 쳐다보면 어떻게 해?
  B: 미안. 너무 예뻐서 나도 모르게 그만 넋을 놓고 보고 있었네.

- -기로서니 is not used with -(으)세요, which indicates a command or request or with (으)ㅂ시다, which indicates a suggestion.

  ex 운동이 아무리 건강에 좋기로서니 매일 꾸준히 하세요. (×)
  ex 운동이 아무리 건강에 좋기로서니 같이 운동하러 다닙시다. (×)
  ex 운동이 아무리 건강에 좋기로서니 내일부터 운동하는 게 어때요? (×)

- –기로서니 is also used when the speaker recognizes the content of the preceding clause as a fact but finds the content of the following clause to be extreme and therefore unacceptable or expresses resentment against the other party.

  ex A: 제이슨 씨, 오늘도 늦었네요. 이번 프로젝트는 아주 중요한데 회의 시간에 매번 늦으면 이 프로젝트를 같이 못 할 수도 있어요.
  B: 제가 좀 늦었기로서니 그렇게까지 말씀하시는 건 좀 심하군요.

  ex A: 수미 말이야. 내가 지난번에 서운한 말을 했기로서니 어떻게 그렇게 연락을 딱 끊을 수가 있어?
  B: 무슨 사정이 있겠지. 네가 수미에게 먼저 연락해 보는 게 어때?

- Both –기로서니 and –아/어도(See 『이화 한국어 3-1』 Chapter 4, p.84) indicate that the content of the preceding clause cannot be the reason or condition for the content of the following clause. –아/어도 can be used when the content of the preceding clause is either a real or a possible situation, but in the case of –기로서니 the content of the preceding clause must be a fact and it cannot be used for something that has not yet occurred.

  ex 취직을 해도 원하는 부서에서 일을 할 수 없다면 그 회사에 다니지 않을 거야. (○)
  취직을 하기로서니 원하는 부서에서 일을 할 수 없다면 그 회사에 다니지 않을 거야. (×)

  ex 아무리 아르바이트가 힘들어도 하던 일을 다 끝내지 않고 그냥 가 버리면 어떡합니까? (○)
  아무리 아르바이트가 힘들기로서니 하던 일을 다 끝내지 않고 그냥 가 버리면 어떡합니까? (○)

Answers

① A: 유키 씨가 갑자기 찐 살 때문에 스트레스를 받아서 살이 빠질 때까지 무작정 굶을 거래요.
B: 아무리 살 때문에 스트레스를 받기로서니 어떻게 살이 빠질 때까지 무작정 굶을 수가 있어요?

② A: 이치로 씨가 어제 과음을 해서 어젯밤 일을 하나도 기억하지 못한대요.
B: 아무리 과음을 했기로서니 어떻게 어젯밤에 있었던 일을 하나도 기억하지 못할 수가 있어요?

③ A: 수진 씨가 요즘 눈코 뜰 새 없이 바빠서 친구들에게 전혀 연락을 안 한대요.
B: 아무리 많이 바쁘기로서니 어떻게 친구들에게 전혀 연락을 안 할 수가 있어요?

④ A: 티엔 씨가 이틀째 밤을 새우고 피곤해서 수업 시간 내내 엎드려 잤대요.
B: 아무리 피곤했기로서니 어떻게 수업 시간 내내 엎드려 잘 수 있어요?

Vocabulary & Expression

본격적인 강의에 앞서	before starting the lecture

This expression is used before the real start of a lecture to call the attention of the students. It is generally used in the form of 본격적인 N에 앞서 with nouns such as 회의, 수업, 활동, 토론, or 발표.

ex A: 본격적인 강의에 앞서 동영상을 하나 보겠습니다. 보면서 주제가 무엇인지 생각해 보시기 바랍니다.
B: 네, 알겠습니다.

틀에 박힌 사고	narrow-minded thinking

틀 means an established format or formality, and 틀에 박힌 사고 refers to a narrow-minded way of thinking bound to a stereotype. It is used in expressions such as 틀에 박힌 사고에서 벗어나다 or 틀에 박힌 사고를 깨다.

ex 틀에 박힌 사고를 깨려면 다양한 사람들을 만나면서 새로운 경험을 해 보는 것이 좋다.

별개의 문제이다	to be another issue/matter

별개 means something different and unrelated. 별개의 문제이다 indicates that two things are unrelated to each other or separate issues.

ex A: 영민 씨, 민호 씨와 그렇게 친하면서 왜 민호 씨 회사와 거래하지 않아요?
B: 아무리 친해도 공적인 일과 사적인 일은 별개의 문제니까요.

Listening Guide

This is a part of a university lecture on creativity. Listen to it to learn about four ways to help increase creativity in daily life and the relationship between creativity, intelligence, and the brain. (☞『이화 한국어 6』 Track 10)

Answers

(1) ③, ④ 이 강의에서는 좌뇌와 우뇌의 예를 들면서 창의력과 뇌의 관계에 대해 말했다. 그리고 창의력을 계발하는 네 가지 방법을 소개하고 있다.

(2) ③ 교수는 지능은 좌뇌의 영향을 많이 받고, 창의력은 우뇌의 영향을 많이 받는다고 말했다.

(3) ③ 뇌와 창의력과의 관계를 설명하면서 암기력은 좌뇌의 영역, 창의력은 우뇌의 영역임을 말했다.

(4) 교재 정답 200쪽 참고. 강의의 중간 부분에서 교수가 어떻게 해야 창의력을 계발할 수 있는지에 대해 설명하고 있다.

 p.44

Grammar Focus

-느냐에 달려 있다 indicates that the result of something is liable to change according to conditions, extent, or method. To express conditions, extent, or method it is used with interrogatives such as 얼마나, 어떻게, 누가, 무엇, or 어떤. It takes the form of -(으)냐에 달려 있다 when attached to an adjective, -느냐에 달려 있다 when attached to a verb, and (이)냐에 달려 있다 when attached to a noun.

Basic form	-(으)냐/느냐에 달려 있다	Basic form	-(으)냐/느냐에 달려 있다
빠르다	빠르냐에 달려 있다	지원하다	지원하느냐에 달려 있다
많다	많으냐에 달려 있다	살다	사느냐에 달려 있다

ex A: 선배님, 아이디어 상품 공모전에서 입상하려면 어떻게 준비하면 될까요?
B: 수상을 하는 건 제출한 작품의 아이디어가 얼마나 기발하냐에 달려 있지 않을까? 그러니까 남들과 다른 생각을 하려고 노력해 봐.

ex A: 이번 대학 축제 공연에 학생들이 많이 참석할까?
B: 글쎄. 그건 초대 가수로 누가 오느냐에 달려 있을 것 같아.

ex A: 이번에는 직원들 컴퓨터를 교체해 주겠지요? 너무 오래돼서 사용하기가 정말 불편해요.
B: 글쎄요. 그건 비용이 얼마나 드느냐에 달려 있을 것 같은데요.

ex A: 실장님, 이번에 나온 김준호 씨의 소설이 또 베스트셀러가 될까요?
B: 그건 소설이 어떤 내용이냐에 달려 있지 않을까요? 사람들이 김준호 작가의 책을 좋아하는 이유는 내용이 독특해서잖아요.

Focus Plus

- When attached to a noun it can also take the form of 에/에게 달려 있다, but in this case interrogatives such as 어떻게, 누가, or 무엇 cannot be used.

  ex 음식 맛은 재료보다 조리 방법에 달려 있다. (○)
  음식 맛은 재료보다 어떤 조리 방법에 달려 있다. (×)

Answers

① A: 어디에서 살지 결정했어요?
B: 아니요. 아직 고민 중이에요. 그건 집 주변에 어떤 편의 시설이 있느냐에 달려 있지요.

② A: 유학할 학교는 결정했어요?
B: 아니요. 아직 결정 못 했어요. 그건 장학금을 얼마나 받을지에 달려 있어요.

③ A: 전공은 결정했어요?
B: 아니요. 아직 고민하고 있어요. 그건 졸업 후에 취업이 얼마나 잘 되느냐에 달려 있어요.

④ A: 주말에 볼 영화를 예매했어요?
B: 아니요. 아직 결정 못 했어요. 그건 영화가 어떤 장르이냐에 달려 있어요.

Vocabulary & Expression

발상의 전환 | **change in thinking**

This expression means to change one's thinking in a way that is unusual or different. 발상 is often replaced with nouns such as 생각, 사고, or 인식.

ex A: 우산을 이렇게 접어서 갖고 다닐 수 있도록 생각한 사람은 누굴까? 비가 오지 않아도 부담 없이 갖고 다닐 수 있잖아.
B: 맞아. 우산도 접을 수 있다는 발상의 전환 덕분에 우리 생활이 더 편해진 거지.

ex 생각의 전환은 저절로 이루어지는 것이 아니라 평소에 주변을 관찰하고 사소한 것도 바꾸어 보려고 노력해야 가능하다.

속속 등장하다 | **to appear one after another**

속속 means frequently or one after another, and 속속 등장하다 means that people or things keep appearing one by one. Aside from 등장하다, 속속 is also often used with verbs such as 도착하다, 출시되다, or 밝혀지다.

ex A: 김민호 기자, 국제영화제 개막식 소식 전해 주시지요.
B: 네. 저는 지금 영화제 개막식이 열리는 극장 앞에 있습니다. 멋있게 차려입은 배우들이 극장에 속속 등장하고 있습니다.

고개를 끄덕이다 | **to nod one's head**

This expression is used when one thinks something is right or agrees with or assents to another person's opinion.

ex A: 현아 씨는 정말 다른 사람을 잘 설득하는 재주가 있는 것 같아요.
B: 맞아요. 워낙 말을 논리적으로 잘하니까 듣는 사람이 고개를 끄덕이는 경우가 많은 것 같아요.

마저 사용하다 | **to use even ...**

마저 means the whole thing or everything, leaving nothing. 마저 사용하다 means to use something till nothing is left. 마저 is used with a variety of verbs as well as 사용하다 such as 읽다, 먹다, 끝내다, or 쓰다.

ex A: 엄마, 이 샴푸는 왜 거꾸로 세워 놓으셨어요?
B: 조금 남았는데 마저 사용하려고 세워 놓은 거야. 한두 번은 더 쓸 수 있을 것 같아.

경직된 사고	inflexible thinking

경직되다 means that one's way of thinking, attitude, or general mood is inflexible and strict. Therefore, 경직된 사고 is used to indicate that a person's way of thinking is inflexible and not easily changed. Aside from 사고, 경직되다 is used with other nouns such as 사고방식, 태도, or 분위기.

ex A: 요즘 청소년들은 공부를 잘해야 성공한다는 생각 때문에 성적에만 매달리고 있는 것 같아 안타까워요.
B: 기성세대들이 좋은 성적이 곧 좋은 미래라는 경직된 사고를 아이들에게 주입시키기 때문에 그런 것 같아요. 청소년 시기에는 다양한 경험을 하며 꿈을 찾는 일이 더 중요할 텐데요.

ex A: 김 대리, 오늘 오전에 직원회의 분위기가 심각했다면서요?
B: 네. 사장님이 작년보다 영업 실적이 크게 떨어졌다고 언급한 후에 경직된 분위기에서 회의가 시작됐어요.

다양한 각도에서 보다	to look at something from various perspectives

각도 in this context means a way of thinking about or perceiving something. Therefore, 다양한 각도에서 보다 means to approach or look at something not in one fixed way but from various perspectives. Similar expressions such as 다양한 각도에서 접근하다 or 다양한 각도에서 바라보다 are also used.

ex A: 선생님, 제가 요즘 전공 탐색을 하고 있는데요. 사회학과에서는 무엇을 공부해요?
B: 사회학과에서는 우리 사회에서 일어나는 여러 가지 사회 현상들을 다양한 각도에서 보면서 왜 그런 일들이 일어났는지 원인을 분석하고 연구해요.

Reading Guide

This piece of writing is an explanation of change in thinking, using examples. Read it, thinking about what change in thinking implies and how it is related to invention and taking note of the inventions created as a result of change in thinking. (☞『이화 한국어 6』 p.46)

Answers

(1) ② 이 글의 제목에서도 알 수 있듯이 발상의 전환에서 시작된 발명에 대해 설명하고 있다.

(2) ② 이 글에서는 세 가지 발명품이 만들어진 배경을 예로 들면서 발상의 전환을 설명했다.

(3) 교재 정답 200쪽 참고. 청바지는 '재료를 바꿔 보자'는 아이디어에서, 거꾸로 세울 수 있는 튜브형 용기는 '반대로 생각해 보자'는 아이디어에서, 지우개 달린 연필은 '기능을 더해 보자'는 아이디어에서 제품이 발명되었다.

(4) ①, ④ 마지막 단락에서 이에 대한 내용들이 언급되어 있다.

 p.52

Vocabulary Expansion

무에서 유를 창조하다 **creating something from nothing**

This expression means to successfully start something with no foundation or support or to create something that had not existed before.

ex A: 김민호 회장은 80년대 불모지나 다름없던 전자 산업 분야에서 큰 성공을 거두었어요.
B: 맞아요. 김 회장이야말로 이 분야에서 무에서 유를 창조한 인물이지요.

새 바람을 일으키다 **to start a new trend**

In this context, 바람 means new thinking or a new trend. 새 바람을 일으키다 means that something new is gaining popularity or becoming a new trend and having a great influence.

ex 한글을 응용해서 디자인한 옷이 세계 패션계에 새 바람을 일으키고 있다.

어제 다르고 오늘 다르다 **to be different today from tomorrow**

This expression means that something is very different today from tomorrow, that is, it changes greatly in the space of one day. It indicates change taking place at great speed.

ex 아이들은 몇 달 새에도 금방 자라서 하루하루 커가는 모습이 어제 다르고 오늘 다르다.

자취를 감추다 **to hide one's tracks**

자취 means the tracks or traces of something. 자취를 감추다 indicates that a person, animal, or object has disappeared or is hiding and is very difficult to find.

ex 가을이 오니까 여름 내내 시끄럽게 울던 매미들도 모두 자취를 감춰 버렸다.

천지가 개벽하다 **to undergo earth-shattering change**

천지 means heaven and earth and 개벽하다 means to open for the first time. 천지가 개벽하다 indicates that change is so great or something is so unbelievable that it is compared to heaven and earth opening for the first time. It is generally used in the form of 천지가 개벽할 일이다.

ex A: 요즘 컴퓨터 회사마다 입고 다니는 컴퓨터를 개발하는 데 앞장서고 있대요.
B: 손에 들고 다니는 컴퓨터에서 이제는 입고 다니는 컴퓨터라니. 정말 천지가 개벽할 일이네요.

p.53

Four-Character Sayings

격세지감

격세지감 means to feel that things have changed greatly though little time has passed, and indicates that the present situation has changed so much from the past that it seems like a whole new world. It is generally used in the form of 격세지감을 느끼다 or 격세지감이 느껴지다.

ex 5년 만에 한국에 오니 그때와 지금 모습이 너무 많이 변해서 격세지감을 느낀다.

반신반의

반신반의 means to half believe in something and half doubt it. It is generally used in the form of 반신반의로 or 반신반의하다.

ex A: 홍보팀에서 근무하는 김지선 씨가 회장님 딸이라는 말이 있던데 정말이에요?
B: 저도 그 소문을 듣고 반신반의했는데 회사 사보에 회장님 가족 이야기가 실리면서 공개됐대요.

변화무쌍

변화무쌍 means that change is so strong that it cannot be compared to anything. It is generally used in the form of 변화무쌍하다.

ex 설악산은 계절에 따라 변화무쌍한 경치를 자랑하는 한국 최고의 명산이다.

각양각색

각양각색 means various colors and shapes and is used to indicate that there are many varieties of something or that all things differ from each other. It is generally used in the form of 각양각색의 or 각양각색이다.

ex 아파트 앞에 새로 생긴 사탕 가게에는 각양각색의 사탕들이 가득했다.

유일무이

유일무이 means that there is only one, not two, and indicates that a person or thing is the only one of its kind in the world. It is generally used in the form of 유일무이하다.

ex 전통적인 방법으로 천을 염색할 수 있는 사람은 이 한복집 사장님이 유일무이하다.

천고마비

천고마비 means that the sky is high and the horses grow fat. It has reference to autumn when the sky is high and clear and the crops are abundant. It is generally used in the expression 천고마비의 계절.

ex A: 가을이 오니 하늘도 파랗고 햇곡식과 햇과일도 풍성하네요.
B: 그래서 예로부터 가을을 천고마비의 계절이라고 하나 봐요.

Vocabulary Check

Part 1 준비합시다 01

- 공짜 free

Part 1 준비합시다 02

- 무작정 reckless, unplanned

Part 1 들어 봅시다

- 창의력 creativity
- 뇌 brain
- 유도하다 to lead, to induce
- 교육학 pedagogy
- 개론 introduction
- 본격적 in earnest
- 엉뚱하다 to be unexpected, to be irrelevant
- 나름대로 in its own way
- 발휘하다 to display, to show
- 계발하다 to develop
- 시행착오 trial and error
- 겁내다 to fear
- 떠오르다 to come to mind, to occur to
- 자체 itself, on its own
- 지능 intelligence
- 흔히 commonly, usually
- 암기력 memory, retentive power
- 논리적 logical
- 직관적 intuitive

Part 1 말해 봅시다

- 탈피 escape
- 환기하다 to call, to awaken (emotions)

Part 2 준비합시다 01

- 성사 accomplishment, achievement
- 여부 whether (or not)
- 현지 local area, on site
- 경쟁률 competition ratio

Part 2 읽어 봅시다

- 발상 idea, thinking
- 고안되다 to be designed, to be devised
- 기발하다 to be extraordinary
- 천막 tent
- 투박하다 to be rough/crude
- 광산 mine
- 광부 miner
- 탄생하다 to be born, to be conceived
- 마저 even
- 두드리다 to beat, to knock
- 역발상 uncommon idea/thinking
- 덜렁거리다 to act hastily/carelessly
- 경직되다 to be stiff, to be inflexible

Part 2 써 봅시다

- 빨대 (drinking) straw
- 탄생 birth
- 띄우다 to float
- 노동자 worker, laborer
- 밀짚 (wheat) straw
- 빨다 to suck
- 유심히 carefully
- 말다 to roll
- 접착제 adhesive
- 상품화되다 to be commercialized
- 합성수지 plastic
- 호기심 curiosity
- 관찰하다 to observe
- 획기적 radical, innovative

Part 3 과제 활동

- 퍼즐 puzzle
- 조각조각 pieces
- 튀다 to scatter
- 차별화되다 to be made distinct
- 리모컨 remote controller
- 감지기 sensor

Part 3 어휘 확장

- 무선 호출기 pager
- 본체 desktop
- 업계 business
- 데스크톱 desktop (computer)

Part 3 사자성어

- 쨍쨍하다 to be bright
- 미백 whitening
- 방긋방긋 smiling brightly
- 뚝뚝 dropping one by one

Topic Vocabulary

Thinking

- 골똘히 생각하다 to rack one's brains
- 궁리하다 to think about, to ponder
- 독창적인 사고 original thinking
- 비판적인 사고 critical thinking
- 새로운 각도로 생각하다 to think about something from a new perspective
- 생각에 잠기다 to be lost in thought
- 생각이 못 미치다 to fall short in one's thinking
- 심사숙고하다 to think about something carefully, to contemplate
- 유연하게 생각하다 to think flexibly

01 • -(으)ㄴ/는 만큼

p.56

Grammar Focus

-(으)ㄴ/는 만큼 indicates that the content in the preceding clause, which the speaker has thoroughly considered, is the reason for the content of the following clause. It takes the form of -(으)ㄴ 만큼 when attached to an adjective, -(으)ㄴ 만큼 when attached to a past tense verb, and -는 만큼 when attached to a present tense verb. When attached to a noun it takes the form of 인 만큼.

Basic form	-(으)ㄴ 만큼	-는 만큼
바쁘다	바쁜 만큼	×
많다	많은 만큼	×
사다	산 만큼	사는 만큼
먹다	먹은 만큼	먹는 만큼
학생이다	학생인 만큼	×

ex A: 의사 선생님, 퇴원하면 바로 회사에 다닐 수 있겠지요?
B: 글쎄요. 체력이 약해진 만큼 당분간은 쉬시는 게 좋습니다.

ex A: 영미 씨, 이번 달 월급도 대부분 저금했다면서요? 영미 씨는 정말 저축을 많이 하시네요.
B: 제가 월급이 적잖아요. 돈을 많이 못 버는 만큼 저축을 많이 해야지요.

ex A: 이번 신입 사원 채용에 유능한 인재들이 많이 몰렸다면서요?
B: 네. 국내뿐만 아니라 해외에서도 실력이 있는 사람들이 많이 지원한 만큼 좋은 직원들을 많이 뽑을 수 있을 것 같아요.

ex A: 선생님, 무대에서 노래를 부르는 게 처음이라서 많이 떨리는데 제가 잘할 수 있을까요?
B: 물론이지. 그동안 열심히 해 왔던 만큼 잘할 수 있을 테니까 힘내.

ex A: 마이클 씨, 지금 빨리 공항에 가야 하는데 주말이라서 길이 많이 막히겠죠?
B: 네. 길이 막힐 때 차로 가면 더 늦을 수 있는 만큼 공항 철도를 이용하는 게 좋겠어요.

ex A: 해외여행 가기 전에 준비해야 할 게 뭐가 있을까요?
B: 여행지에서는 예상하지 못한 사고가 많이 날 수 있는 만큼 출발하기 전에 반드시 여행자 보험에 가입해 두세요.

Focus Plus

- N인 만큼 can also be used for emphasis through repetition of the noun in the form N이/가 N인 만큼.

ex A: 이곳에 회사들이 밀집되어 있으니까 회사원들을 상대하는 식당이 많겠네요?
B: 네. 장소가 장소인 만큼 아무래도 회사원들을 고객으로 하는 식당이나 술집이 많습니다.

ex A: 영민 씨, 내일 출장 가는 곳은 꽤 먼 곳이라면서요?
B: 네. 차로 가면 세 시간 정도 걸린다고 하네요. 거리가 거리인 만큼 서둘러서 가려고요.

- –(으)ㄴ/는 만큼 can be used alternately with –(으)니/느니만큼 with few exceptions. It takes the form of –느니만큼 when attached to a verb, –(으)니만큼 when attached to an adjective, and (이)니만큼 when attached to a noun.

ex A: 선배님, 축제 때 우리가 공연하기로 한 연극 티켓이 모두 팔렸다면서요?
B: 그래. 손님이 많이 오는 만큼 좌석을 충분히 배치해야 할 것 같아.
(=오느니만큼)

ex A: 내일 야유회에 어떤 옷을 입고 가는 게 좋을까요?
B: 날씨가 더운 만큼 땀 흡수가 잘 되는 옷을 입는 게 좋겠어요.
(=더우니만큼)

- –(으)ㄴ/는 만큼 indicates a reason and hence is the cause of the content in the following clause. At the same time, -(으)ㄴ/는 만큼 is also used to express similarity in level or extent (See 『이화 한국어 3』 Chapter 5, p.99). Though identical in form, the meaning can be completely different as shown above and any sentence containing this expression should be read carefully to see which meaning is correct.

ex A: 선생님, 어떻게 하면 좋은 성적을 받을 수 있나요?
B: 일단 열심히 공부해야지요. 열심히 공부한 만큼 좋은 성적이 나오는 법이니까요.

ex A: 민수 씨는 너무 낭비벽이 심한 것 같아요.
B: 그러게 말이에요. 돈은 버는 만큼만 써야 하는데 민수 씨는 그 이상으로 쓰니까 항상 돈이 부족하지요.

Answers

① A: 도시마다 보육 시설이 부족해서 어려움이 많은데요. 어떻게 하는 게 좋을까요?
B: 육아 문제로 퇴직하는 여성이 많은 만큼 여성들의 고충을 덜어줄 수 있도록 보육 시설을 확충할 필요가 있습니다.

② A: 최근 개인 정보가 유출돼서 피해를 입은 사람들이 많은데요. 어떤 해결책이 있을까요?
B: 유출된 개인 정보가 악용될 가능성이 있는 만큼 개인 정보가 유출되지 않도록 법을 강화하지 않으면 안 됩니다.

③ A: 회사의 업무 효율이 저조하다는 지적이 많은데요. 어떻게 하는 게 좋을까요?
B: 편안한 직장 환경이 업무 효율에 영향을 미치는 만큼 가족적인 직장 문화를 조성하는 게 필요합니다.

④ A: 요즘 물가 상승으로 인해 여러 문제가 발생하고 있는데요. 어떻게 해결해야 할까요?
B: 물가 상승이 서민들의 생활을 위협하는 만큼 하루빨리 물가 안정 대책을 마련해야 합니다.

Grammar Focus

–거니와 is used when acknowledging the content of the preceding clause while adding to it in the following clause. The use of –거니와 in a conversation or writing gives it an old-fashioned feel. It is attached to an adjective or a verb. When attached to a noun it takes the form of (이)거니와.

Basic form	–거니와	–았/었거니와
아프다	아프거니와	아팠거니와
가다	가거니와	갔거니와
받다	받거니와	받았거니와
물론이다	물론이거니와	물론이었거니와

ex A: 김 기자, 지진 발생 지역의 현재 상황은 좀 어떻습니까? 인명 피해나 재산 피해가 심각할 것 같은데 어떻습니까?
B: 네. 이곳은 지진으로 인해 100명에 가까운 사상자가 발생했습니다. 인명 피해도 심각하거니와 재산 피해액은 천문학적인 숫자가 될 것으로 보입니다.

ex A: 마이클 씨, 7월 말에 바닷가로 여름휴가를 가서 푹 쉬고 올까 하는데 사람들이 많겠죠?
B: 물론이죠. 휴가철에는 피서객도 많거니와 길까지 막혀서 쉬기는커녕 오히려 피곤한 휴가가 될 수도 있어요.

ex A: 수진 씨, 추운 날씨 때문에 내일 등산 일정을 미뤘다면서요?
B: 날씨 때문만은 아니에요. 날씨도 너무 춥거니와 일행 중에 못 가는 사람도 생겼거든요.

ex A: 민호 씨, 학교 근처로 이사를 한다더니 여기서 그냥 살기로 했어요?
B: 네. 괜찮은 집을 찾지도 못했거니와 이곳이 생활하기는 괜찮은 편이라서 그냥 더 살기로 했어요.

ex A: 장마가 오래 계속돼서 과일 수확량이 작년만 못하다고 합니다. 박유나 기자가 보도합니다.
B: 네. 최근 계속된 장마로 과일 수확량도 줄어들었거니와 당도도 낮고 품질도 떨어져서 농민들의 걱정이 커지고 있습니다.

ex A: 정미 씨는 올해에만 여행을 열 번이나 갔다고 하네요. 정말 시간이 많나 봐요.
B: 시간도 있거니와 경제적인 여유까지 있으니 여행 다니는 게 부담스럽지 않겠죠.

ex A: 요즘 회사에 일이 많아서 바쁘시지요?
B: 네. 처리해야 할 서류도 쌓여 있거니와 예정되지 않았던 회의까지 계속 생겨서 눈코 뜰 새 없이 바쁘네요.

ex A: 요코 씨, 학교 앞에 새로 생긴 식당이 그렇게 음식 맛이 좋다면서요?
B: 네. 맛은 물론이거니와 서비스까지 훌륭하니 꼭 한번 가 보세요.

Focus Plus

- –거니와 can be used in the form of –기도 –하거니와 to emphasize the meaning.

  ex A: 어제 구경한 집 어땠어요? 교통이 불편하다고 들었는데 괜찮았어요?
  B: 교통이 불편하기도 하거니와 집도 낡아서 도저히 안 되겠더라고요.

  ex A: 민수 씨, 마이클 씨의 성격이 그렇게 좋다면서요?
  B: 그럼요. 성격이 좋기도 하거니와 얼마나 다른 사람들을 배려하는지 마이클 씨를 싫어하는 사람이 하나도 없어요.

- –거니와 means that additional content follows regarding the situation in the preceding clause. It can be used alternately with expressions such as –(으)ㄹ 뿐만 아니라 (See 『이화 한국어3』 Chapter 3, p.59), –(으)/는 데다가 (See 『이화 한국어3』 Chapter 12, p.104), or –(으)ㄹ뿐더러 (See 『이화 한국어5』 Chapter 5, p.97). However, there is a slight difference between them in regard to the mental attitude of the speaker. –거니와 is used when the speaker adds further content or a situation while acknowledging the preceding situation or content. It is an expression that gives the sentence an old-fashioned feel.

  ex A: 새로 입사한 사원들의 외국어 실력이 아주 뛰어나다면서요?
  B: 네, 외국어 실력도 뛰어나거니와 영업 실적도 우수해서 칭찬이 자자합니다.
  (=뛰어날 뿐만 아니라)

  ex A: 오늘따라 유난히 힘들고 지쳐 보여요. 무슨 일이 있었어요?
  B: 밀린 일 때문에 밤도 새웠거니와 지하철에 사람까지 많아서 회사까지 서서 왔더니 파김치가 됐어요.
  (=새운 데다가)

  ex A: 요즘 매일 야근하다시피 했더니 몸이 안 좋은 것 같아요.
  B: 그렇게 자주 과로를 하면 피로도 쌓이거니와 건강도 해쳐서 병에 걸리기 쉬워요.
  (=쌓일뿐더러)

Answers

① A: 남산 전망대의 경치가 아름답지요?
B: 물론이지요. 남산 전망대의 경치가 아름답거니와 그곳 회전식 식당의 음식 맛도 좋아요.

② A: 수산 시장에 가면 싱싱한 해산물을 골라 살 수 있지요?
B: 물론이지요. 수산 시장에서는 싱싱한 해산물을 골라 사는 재미가 있거니와 구입한 해산물을 바로 요리해 줘서 먹는 재미도 쏠쏠해요.

③ A: 덕수궁 돌담길에 가면 운치 있는 길을 걸을 수 있지요?
B: 물론이지요. 덕수궁 돌담길에 가면 운치 있는 길을 걸을 수 있거니와 근현대식 건물이 가득한 역사의 현장을 볼 수 있어요.

Vocabulary & Expression

입소문이 퍼지다 | **to spread by word-of-mouth**

This means that news spreads from one person's lips to another. Similar expressions 입소문이 나다 or 입소문이 돌다 are also often used.

ex A: 이 집 삼계탕이 정말 맛있네요. 이 식당이 맛있는 식당인지 어떻게 알았어요?
B: 방송 프로그램에서 소개된 뒤 싸고 맛있다는 입소문이 퍼졌거든요.

견인차 노릇을 하다 | **to act as a driving force**

견인차 means a person who stands at the front and leads others. 견인차 노릇을 하다 is a figurative expression used to indicate a person who takes the lead of a group or organization.

ex A: 이화그룹은 제조업 분야에서 선두를 달리고 있는 우수한 회사라고 들었습니다.
B: 네. 수출 실적도 좋고 재정도 탄탄해서 한국 제조업 발전의 견인차 노릇을 하고 있습니다.

눈길을 돌리다 | **to turn one's eyes to, to notice**

눈길 means attention or interest, and 눈길을 돌리다 refers to change the direction of one's eyes or to turn one's interest or attention to a new direction. Similar expressions such as 눈길이 가다, 눈길을 끌다, or 눈길이 쏠리다 are also commonly used.

ex A: 아파트로 이사 갈지 오피스텔로 이사 갈지 고민 중이에요.
B: 단독주택은 어때요? 최근 들어 답답한 아파트 대신에 개인 생활을 보장받을 수 있는 단독주택으로 눈길을 돌리는 사람도 많은 것 같아요.

Listening Guide

This is a part of a general information program that introduces new tourism products, including interviews with tourists. Listen to the interviews for concrete information on experience activities available in a certain region and recent changes in tourism trends.
(☞『이화 한국어 6』 Track 17)

Answers

(1) ② 전문가의 인터뷰 내용에서 주5일 근무제의 결과를 언급했으나 그 배경에 대해서는 말하지 않았다.

(2) ② 연간 300억 원이 드는 것은 마을을 홍보하는 데 든 비용이 아니라 관광 산업으로 올린 매출액이다.

(3) ① 남들과 차별화된 여행을 하고자 하는 욕구
② 개별 여행
③ 주5일 근무제의 시행으로 여가 시간이 증가했으므로

Grammar Focus

-느니 means that while the situation in both the preceding clause and following clause is not satisfactory, the speaker believes that the following clause is the better alternative and therefore chooses it. It is attached to a verb, and the meaning is emphasized by using adverbs such as 차라리 or 아예 in the following clause.

Basic form	-느니	Basic form	-느니
그리다	그리느니	살다	사느니
먹다	먹느니	짓다	짓느니
듣다	듣느니	있다	있느니

ex A: 요코 씨, 우산이 찢어졌네요. 요 앞에 수선 집이 있는데 같이 고치러 갈래요?
B: 아니요. 찢어진 우산을 고쳐서 사용하느니 차라리 새로 하나 살래요.

ex A: 나타샤 씨, 아까 여권과 지갑을 잃어버렸다면서요? 경찰서에 신고는 했어요?
B: 신고하기는 했는데 아무런 연락이 없네요. 앉아서 기다리기만 하느니 나가서 다시 한번 찾아보려고 해요.

ex A: 수진아, 냉장고에 케이크가 조금 있는데 배가 고프면 그거라도 먼저 먹을래?
B: 괜찮아요, 엄마. 요즘 다이어트 중이라서 단 음식을 먹느니 그냥 안 먹는 게 나을 것 같아요.

ex A: 민수 씨는 정말 이상해요. 만날 때마다 다른 사람 험담만 해요.
B: 그러게요. 그런 험담을 계속 듣고 있느니 차라리 집에 가서 잠이나 자는 게 낫겠다고 생각한 적이 한두 번이 아니었어요.

ex A: 마이클 씨, 왜 어제 모임에 안 왔어요?
B: 가고 싶지 않은 자리에 가서 불편하게 앉아 있느니 아예 안 가는 게 나을 것 같아서요.

Focus Plus

- To emphasize the meaning, -느니 is often followed by 보다 or 보다는 and used in the form -느니보다 or -느니보다는.

ex A: 날씨가 너무 추워서 밖에 나가기 싫은데 그냥 집에 있을까 봐.
B: 아무것도 안 하고 집에만 있느니보다 나가서 운동이라도 하는 게 좋지 않겠어?

Answers

① A: 전세금을 올려 주어야 하는데 여윳돈이 없다면 예산에 맞춰 집의 평수를 줄일 거야?
B: 나라면 예산에 맞춰 집의 평수를 줄이느니 부담이 되더라도 대출을 받아서 전세금을 마련할 것 같아.

② A: 지금 다니는 직장이 연봉은 높지만 업무가 적성에 맞지 않는다면 하기 싫은 회사 업무를 참고 계속할 거야?
B: 나라면 싫은 회사 업무를 참고 계속하느니 회사를 그만두고 다른 일자리를 알아보겠어.

③ A: 과제물 제출 마감이 코앞인데 시작도 못했다면 제출 기한을 연장해 달라고 하는 건 어때?
B: 나라면 교수님께 기한을 연장해 달라고 요청하느니 할 수 있는 만큼만 해서 제출할 것 같아.

Vocabulary & Expression

군사적인 요충지 | **strategic military point**

요충지 means a place of high strategic importance.

ex A: 선생님, 친구가 다음 주에 강화도에 가자고 하는데 강화도는 어떤 곳이에요?
B: 강화도는 삼국시대 때부터 군사적인 요충지라고 평가받던 곳이에요. 특히 고려 시대에 몽고와의 항쟁으로 유명한 곳이지요.

고스란히 간직하다 | **to keep something unchanged**

This expression indicates keeping something carefully without touching it or changing it.

ex A: 수진 씨, 이번에 동유럽으로 여행을 가신다면서요?
B: 네. 동유럽에 유럽의 옛 문화 유적들을 고스란히 간직하고 있는 도시가 많이 있다고 해서 한번 가 보고 싶었거든요.

ex 박물관은 인류의 역사를 고스란히 간직하고 있는 곳이다.

산꼭대기 못지않게 전망이 멋있다 | **The view is as spectacular as from the top of the mountain.**

못지않다 means that something does not fall behind the thing to which it is being compared. 산꼭대기 못지않게 전망이 멋있다 means that while it is not the top of the mountain, the view is as good as that is seen from the top of the mountain. It is generally used in the form of N 못지않다 or N 못지않게.

ex A: 마이클 씨, 차 새로 샀어요? 정말 좋아 보이네요.
B: 새 차처럼 보이죠? 사실은 중고차인데 새 차 못지않게 깨끗하고 성능도 좋아요.

ex A: 요코 씨가 노래를 잘한다고 하던데 정말 잘해요?
B: 네. 가수 못지않게 노래를 정말 잘해서 학교에서 인기가 아주 많아요.

저마다의 매력을 뽐내다 | **to show off one's charms**

매력을 뽐내다 means to show off one's charms, and 저마다의 매력을 뽐내다 means that each thing or person is displaying their own attractions.

ex A: 연극학과 졸업 공연에 다녀왔다면서요? 어땠어요?
B: 정말 멋졌어요. 학생들이 그동안 준비해 온 자신들의 기량을 발휘하며 저마다의 매력을 뽐내는데 정말 멋지더라고요.

경치가 돋보이다	the scenery is particularly stunning

돋보이다 means to stand out from the crowd or everything else. It is used in the form of N이/가 돋보이다, as seen in 실력이 돋보이다 or 지도력이 돋보이다.

ex 산꼭대기에서 아래를 내려다보니 산 경치가 더욱 돋보였다.

ex A: 이번 축구 경기에서 승리할 수 있었던 건 우리 팀 주장인 민호 씨의 지도력 덕분인 것 같아요.
B: 그러게요. 이번 경기만큼 민호 씨의 지도력이 돋보인 경기는 없었죠.

예술이 살아 숨 쉬다	to be rich in art and culture

This expression means that there is a rich and active art and culture scene to enjoy. Similar expressions using the form N이/가 살아 숨 쉬다 include 역사가 살아 숨 쉬다 and 문화가 살아 숨 쉬다.

ex A: 부산도 과거와 다르게 문화 행사가 많이 열린다면서요?
B: 네. 최근 들어 부산영화제 등 다양한 문화 행사가 열리면서 음악과 미술, 영화 등 예술이 살아 숨 쉬는 도시라는 평가를 받고 있어요.

ex 경주는 기원전 57년부터 935년까지 신라의 수도로 석굴암, 불국사, 천마총 등 고대 국가의 찬란한 문화가 살아 숨 쉬는 곳이다.

Reading Guide

This is a magazine article introducing the Seoul City Wall, one of the famous attractions of Seoul. Read the article to search for tourist information such as the location of the Seoul City Wall and the length of time required to walk around it. (☞『이화 한국어 6』 p.64)

Answers

(1) ② 첫 단락에서 명소의 위치를 설명했고 마지막 단락에서 도보 여행 시 유의해야 할 사항과 각 구간의 매력을 설명하고 있다.

(2) ③ 도로나 주택으로 끊긴 구간을 무리해서 되살리는 대신 육교식 성곽이나 안내판을 세웠다고 했다.

(3) ① 마지막 단락에서 한 구간을 걷는 데에만 4시간 정도 소요된다고 했다.

(4) ① 마지막 단락에서 성곽 길을 하루 만에 돌아보는 것은 현실적으로 어렵다고 말하면서 소요 시간을 알려 주고 있다. 전 구간을 4개로 나누어 한 구간을 걷는 데 4시간쯤 걸린다고 했다. 또한 각 구간의 특징, 체력 상태 등을 고려하여 구간을 선택하라고 했다.

Vocabulary Expansion

가시밭길을 가다 **to walk a thorny road**

This expression indicates the sense of walking heavily through life as a result of choosing a path filled with troubles and difficulties like a path lined with thorny bushes.

ex A: 박영민 씨가 회사 대표를 맡았다면서요? 요즘 경기가 안 좋은데 괜찮을지 걱정이네요.
B: 그러게요. 파산 위기에 처해 있는 회사인데 가시밭길을 가는 건 아닌가 싶네요.

고생문이 훤하다 **to have clear difficulties ahead**

This expression indicates that future difficulties and suffering are so obvious that it seems they are visible before the eyes.

ex A: 이 선생님, 아드님이 좋은 회사에 취업했다면서요? 축하드려요.
B: 축하는요. 이제 막 입사했으니 앞으로 고생문이 훤하지요.

눈칫밥을 먹다 **to be ill at ease**

눈칫밥 means a meal taken under uncomfortable circumstances, watching the mood of everyone else. 눈칫밥을 먹다 means to live ill at ease, unable to relax and be oneself for watching the reactions of everyone else.

ex 김영수 씨는 어렸을 때 부모님을 잃고 친척집에서 눈칫밥을 먹고 컸다.

산전수전을 다 겪다 **to suffer all sorts of difficulties**

산전수전 means to fight in the mountains and in the water. 산전수전을 다 겪다 means to experience all sorts of trials and suffering.

ex A: 소방관 생활을 40년이나 하시다니 그동안 많이 힘드셨겠어요.
B: 오래 일하다 보니 위험한 고비도 많았죠. 지난 40년 동안 산전수전 다 겪었어요.

피땀을 흘리다 **to work very hard**

피땀 is a figurative expression meaning a great deal of hard work and effort to achieve something. 피땀을 흘리다 means to work very hard, putting all one's effort and care into the work.

ex A: 시장님, 이번에 개최하는 영화제에 대해 한 말씀 부탁드립니다.
B: 네. 이번 영화제는 영화인들이 피땀을 흘려 만든 작품들을 볼 수 있는 영화 축제인 만큼 시민 모두가 즐겁게 봐 주시면 감사하겠습니다.

p.71

Four-Character Sayings

문전성시

문전성시 means that a place attracts so many people that the front gate is as crowded as a market. It is generally used in the form of 문전성시를 이루다.

ex 학교 앞 식당은 음식이 맛있는 데다가 방송에도 여러 번 나와서 항상 문전성시를 이룬다.

방방곡곡

방방곡곡 means every nook and cranny or all over the country. 방방곡곡 is generally followed by a verb such as 가다, 찾아가다, 다니다, 누비다, or 돌아다니다.

ex 이 책은 어떤 여행가가 전 세계 방방곡곡을 여행하면서 찍은 사진을 모아 놓은 책이다.

산해진미

산해진미 means delicious food made with rare ingredients from the mountains and the sea. It is generally used in the form of 산해진미를 맛보다 or 산해진미이다.

ex A: 민수 씨, 요코 씨 집들이에 잘 다녀왔지요? 집들이는 어땠어요?
B: 요코 씨가 다양한 음식을 아주 많이 준비했더라고요. 온갖 산해진미를 맛보고 왔어요.

삼삼오오

삼삼오오 means people gathered in groups of three or four, or five or six. It is generally used in the form of 삼삼오오 모이다.

ex A: 미셸 씨, 어제 서울 종로에 있는 탑골공원에 갔었다고 들었는데 다녀 온 느낌이 어때요?
B: 나이 지긋한 어르신들이 많아서 놀랐어요. 할아버지들이 나무 밑에 삼삼오오 모여 앉으셔서 이런 저런 이야기를 하시는 모습이 정말 인상적이었어요.

유유자적

유유자적 means to spend time in a leisurely and carefree manner. It is generally used in the form of 유유자적하다.

ex 옛날 선비들은 자연과 벗하고 유유자적하며 사는 것을 이상적인 것으로 여겼다.

점입가경

점입가경 means that the scenery grows more beautiful with every step. However, it is also used figuratively to mean that someone's behavior grows more unpleasant as time goes on. It is generally used in the form of 점입가경이다.

ex 이번 사건은 피해자와 가해자 사이의 소송과 맞소송이 계속되면서 갈수록 점입가경이다.

Vocabulary Check

Part 1 준비합시다 01

- 안배 distribution, allocation
- 확충하다 to increase, to expand
- 악용되다 to misuse
- 조성하다 to create, to form

Part 1 준비합시다 02

- 맵시 attractiveness, shapeliness
- 즐비하다 to stand in a row, to line (the street)
- 덤 bonus
- 회전식 revolving
- 쏠쏠하다 to be significant
- 운치 grace, elegance
- 근현대식 pre-modern style

Part 1 들어 봅시다

- 전라북도 Jeollabuk-do Province, North Jeolla Province
- 순창 Sunchang
- 장독 earthenware crock
- 찹쌀 glutinous rice
- 메주 soy bean block
- 발효 fermentation
- 차별화되다 to be distinguished (from the rest)
- 진동하다 to shake, to vibrate
- 장인 meister, master (in a certain field)
- 별미 delicacy
- 입소문 word of mouth
- 견인차 driving force, engine
- 노릇 duty, role
- 선보이다 to show, to debut

Part 1 말해 봅시다

- 광활하다 to be vast/wide
- 산란 egg laying, spawning
- 천일염 sea salt
- 염장 preservation with salt
- 삼박자를 고루 갖추다 to have all the right conditions
- 고온다습 high temperature and humidity
- 한랭건조 cold and dry

Part 2 준비합시다 01

- 피서지 resort, holiday destination
- 여윳돈 spare money
- 평수 (floor) area

Part 2 읽어 봅시다

- 한양도성 Seoul City Wall
- 깃들다 to be imbued with
- 도보 by/on foot, walking
- 열풍 fever, trend
- 탐방로 excursion path
- 백미 highlight
- 꼬불꼬불 winding
- 국보 national treasure
- 요충지 strategic point/place
- 인부 worker, laborer
- 동원되다 to be mobilized
- 감안하다 to take into account
- 축성 wall construction
- 복원 restoration
- 헐리다 to demolish
- 육교식 crossover style
- 고스란히 unchanged, with no change
- 풀풀 strongly
- 풍기다 to emanate

- 사시사철 all year round
- 완주 completion
- 축조되다 to be built
- 축조 structure, construction

Part 2 써 봅시다

- 화순군 Hwasun-gun, Hwasun County
- 천불동 Thousand-Buddha cave
- 켜켜이 layered
- 와불 lying Buddha
- 절터 temple site
- 일주문 single-pillar gate, front gate of a temple
- 법의 Buddhist robes
- 자락 hem
- 불탑 Buddhist pagoda
- 소꿉장난 playing house
- 전경 overall view

Part 3 과제 활동

- 알차다 to be solid, to be fruitful

- 흐드러지다 to be in full bloom
- 만끽하다 to enjoy
- 산해진미 delicious food, great delicacy
- 오름 volcanic cone
- 들풀 wild grasses
- 염색 dye
- 시장성 commercial viability
- 부각되다 to be emphasized

Part 3 어휘 확장

- 만류하다 to keep back, to detain
- 전폭적 all-out, complete
- 강력계 violent crimes bureau
- 형사 detective
- 흉악하다 to be bad, to be wicked

Part 3 사자성어

- 선착순 first-come first-served basis
- 헤매다 to wander, to roam
- 군데 place, spot

Topic Vocabulary

Taste, Flavor

- 고향의 맛 hometown flavor
- 맛을 내다 to flavor
- 맛을 살리다 to bring out the flavor
- 손맛 home-made flavor
- 입맛을 잃다 to lose one's appetite
- 입맛을 다시다 to lick one's lips
- 입맛을 되찾다 to regain one's appetite
- 입맛을 돋우다 to stimulate the appetite
- 입맛을 맞추다 to suit one's tastes
- 입맛을 사로잡다 to captivate one's tastes
- 입맛이 당기다 to be appetizing
- 입맛이 돌다 to be hungry
- 입맛이 떨어지다 to have no appetite

01 • -(으)ㄴ/는 가운데

p.74

Grammar Focus

-(으)ㄴ/는 가운데 indicates continuation of the situation or state arising from a certain action or behavior. It takes the form of -(으)ㄴ 가운데 when attached to an adjective, -(으)ㄴ 가운데 with a past tense verb, and -는 가운데 with a present tense verb.

Basic form	-(으)ㄴ 가운데	-는 가운데
바쁘다	바쁜 가운데	×
어렵다	어려운 가운데	×
오르다	오른 가운데	오르는 가운데
시작되다	시작된 가운데	시작되는 가운데

ex A: 다음으로 날씨 정보를 알아보겠습니다. 김민지 기자가 보도합니다.
B: 오늘은 날씨가 대체로 맑은 가운데 가끔 구름이 끼는 곳이 있겠습니다.

ex A: 민호 씨, 어제 야외 공연이었는데 비가 많이 와서 공연하기 힘들지 않았어요?
B: 아니요. 비가 많이 오는 가운데도 관객들이 어찌나 즐겁게 호응해 주시는지 정말 두 시간이 어떻게 지나갔는지도 모르겠더라고요.

ex A: 이번에는 대통령 선거 개표 상황을 알아보겠습니다. 김수진 기자, 개표는 얼마나 진행됐습니까?
B: 많은 국민들이 지켜보는 가운데 개표가 시작되었는데요. 현재까지 약 5% 정도 개표가 되었습니다.

ex A: 영민 씨, 한국 사람들은 추석을 어떻게 보내요?
B: 가족들이 모두 모인 가운데 차례도 지내고 오랜만에 만난 친척들과 밀린 이야기도 나누며 보내요.

ex A: 어제 학교에서 열린 명사 초청 강연회에 갔었어요?
B: 네. 많은 학생들이 참석한 가운데 강연회가 시작됐는데 강연자가 정말 말을 재미있게 잘하더라고요.

Focus Plus

- 도, 에도, 에서도 can be attached to -(으)ㄴ/는 가운데 for emphasis. In this case, it means the situation in the preceding clause has no affect on the situation or action in the following clause.

  ex A: 오늘 만날 화제의 주인공은 집안 형편이 어려운 가운데에도 꿈을 포기하지 않고 세계적인 성악가가 된 조성희 씨입니다.
  B: 안녕하세요? 조성희입니다.

  ex 시장에서 채소를 파는 김 할머니는 경제적으로 넉넉하지 않은 가운데에서도 가정 형편이 어려운 학생들을 위해 써 달라며 매년 장학금을 기부하고 있다.

- –(으)ㄴ/는 가운데 is often used in news, debates, or when hosting events.

  ex A: 본격적인 휴가철을 맞아 피서를 떠나는 사람들이 늘고 있다고 합니다. 김민수 기자가 보도합니다.
  B: 저는 지금 부산 해운대에 나와 있습니다. 이곳은 많은 관광객들로 붐비는 가운데 가족 단위로 휴가를 온 사람들도 종종 눈에 띕니다.

  ex A: 가장 큰 문제는 학교를 그만두는 학생들이 느는 가운데 학교 밖에서 이들을 보호할 대책이 마련되어 있지 않다는 점입니다.
  B: 그 부분에 대해서는 저도 동의합니다. 그렇지만 먼저 왜 아이들이 학교를 그만두는지 원인을 찾아야 하지 않을까요?

  ex 현장에서 그리고 텔레비전으로 많은 분들이 지켜보시는 가운데 영화 축제를 시작하겠습니다.

- –(으)ㄴ/는 가운데 can be used with adjectives such as 바쁘다 or 불편하다 to create a polite form of greeting.

  ex A: 바쁘신 가운데에도 저희 개업식에 와 주셔서 정말 감사드립니다.
  B: 별말씀을요. 사장님과 제가 알고 지낸 세월이 얼마인데 당연히 와야지요.

  ex A: 교수님, 몸이 불편하신 가운데에도 동문회에 참석해 주셔서 진심으로 감사드립니다.
  B: 나도 오랜만에 너희들을 만나니 반갑고 좋구나.

Answers

① A: 요즘 물가가 가파른 상승세를 보이고 있다고 합니다. 김수진 기자가 보도합니다.
B: 경기 불황으로 서민들이 생활고에 시달리는 가운데 물가가 가파른 상승세를 보이고 있습니다.

② A: 이달 말부터는 많은 비가 와 가뭄이 다소 해소될 것으로 보입니다. 김수진 기자가 보도합니다.
B: 전국적으로 가뭄이 지속되는 가운데 이달 말부터 많은 비가 와 가뭄이 다소 해소될 것으로 예상됩니다.

③ A: 출산율 문제로 정부가 대책 마련에 고심하고 있다고 합니다. 김수진 기자가 보도합니다.
B: 출산율이 점점 낮아지고 있는 가운데 정부는 대책 마련에 고심하고 있습니다.

④ A: 날씨가 더워지자 기업들이 앞다퉈 신제품을 출시하고 있다고 합니다. 김수진 기자가 보도합니다.
B: 요즘 무더위로 여름 용품이 잘 팔리는 가운데 기업들이 앞다퉈 신제품을 출시하고 있습니다.

Grammar Focus

-다 못해 indicates that the action or state in the preceding clause has reached a limit and can no longer be maintained. The following clause contains the action that brings an end to the situation in the preceding clause or presents a solution. -다 못해 is attached to a verb.

Basic form	-다 못해	Basic form	-다 못해
보다	보다 못해	먹다	먹다 못해
견디다	견디다 못해	웃다	웃다 못해

ex A: 미연 씨, 회사를 그만둔다고 들었는데 정말이에요?
B: 네. 아이가 생기니까 집안일과 직장 생활을 병행하는 것이 힘들어서 고민하다 못해 그만두기로 결정했어요.

ex A: 근처 편의점에서 상습적으로 물건을 훔치던 사람이 잡혔다면서요?
B: 가출한 고등학생인데 배고픔을 견디다 못해 그랬대요.

ex A: 민수 씨, 왜 괜히 남들 말다툼하는 데 끼어들고 그래요? 민수 씨까지 곤란해질 뻔했잖아요.
B: 친한 동료가 해명도 못하고 오해를 받고 있으니까 속상해서 보다 못해 한마디 거든 거예요.

ex A: 수진 씨, 어제 팬 사인회 잘 다녀왔어요? 힘들게 입장권을 구했다고 무척 좋아했잖아요.
B: 말도 마세요. 어찌나 사람이 많은지 한 시간이나 줄을 서서 기다렸는데도 줄이 줄어들 기미가 보이지 않는 거예요. 그래서 기다리다 못해 그냥 왔어요.

ex A: 마리 씨, 어제 매운 떡볶이 먹으러 간다고 했지요? 떡볶이는 먹을 만했어요?
B: 아니요. 저도 매운 음식을 잘 먹는다고 자신했는데 어제 간 식당은 정말 맵더라고요. 그래서 결국 먹다 못해 반도 더 남겼어요.

ex A: 유키 씨, 왜 울고 있어요. 무슨 일 있어요?
B: 아니요, 아무 일도 없어요. 코미디 프로그램을 보는데 너무 웃겨서 웃다 못해 눈물이 다 나네요.

ex A: 제이슨, 강아지를 더 키울 수 없게 됐다면서? 맡아 줄 사람은 찾았어?
B: 아니, 선뜻 데려가겠다는 사람이 없어서 생각하다 못해 인터넷 게시판에 입양 가족을 찾는 글을 올렸어.

Focus Plus

- When attached to 듣다 or 참다, there is no space between the letters as in 듣다못해 and 참다못해 respectively.

ex A: 영민 씨, 표정이 별로 안 좋아 보여요. 무슨 일 있어요?
B: 아침부터 아내가 잔소리를 하는데 듣다못해 화를 내고 나왔더니 기분이 좋지 않네요.

ex A: 유키 씨, 요즘 기분이 안 좋아 보이는데 무슨 일이 있어요?
B: 하고 있는 실험이 잘 안돼서요. 어제는 속상해서 참다못해 엉엉 울어 버렸어요.

- When –다 못해 is attached to an adjective, it indicates that the situation concerned has gone beyond normal to reach a very serious or exaggerated state.

ex A: 늦어서 미안해요. 기다리지 말고 먼저 식사하지 그랬어요?
B: 어떻게 한 시간이나 늦게 와요? 배가 고프다 못해 아플 지경이에요.

ex A: 어휴, 오늘같이 추운 날에는 밖에서 일하는 게 너무 힘드네요.
B: 네. 저는 장갑을 두 개나 꼈는데도 손이 시리다 못해 얼어 버린 것 같아요.

ex A: 여기 경치가 참 좋군요. 그런데 이 섬 이름이 흑산도인데 무슨 뜻인가요?
B: 바닷물이 푸르다 못해 검은색처럼 보여서 흑산도라고 부른다고 들었어요.

- –다 못해 can also be used in the form of –다 못한 N.

ex A: 회사에서 영민 씨와 제이슨 씨가 크게 싸웠다고 하던데 정말이에요?
B: 네. 실은 영민 씨가 하는 일마다 제이슨 씨가 간섭을 하니까 참다못한 영민 씨가 화를 내면서 싸움이 났어요.

ex A: 율리아 씨, 어제 식당에서 아이 때문에 난처한 일이 있었다면서요?
B: 네. 저희 애가 식당에 진열된 인형을 달라고 계속 떼를 쓰는 바람에 진땀을 뺐어요. 보다 못한 식당 주인이 결국 인형을 주더라고요. 어찌나 미안하던지…….

ex A: 요즘 가정 내 아동 학대에 대한 뉴스가 자주 나오네요.
B: 그러게요. 가정 폭력을 견디다 못한 아이들이 집을 나오게 되니까 이 아이들을 보호할 수 있는 방안이 마련되어야 할 것 같아요.

Answers

① A: 오전에 시청에 갔다 왔다면서요? 무슨 일 있어요?
B: 인근 공사장에서 들리는 소음이 너무 심해서 듣다못해 시청에 신고를 하고 왔어요.

② A: 수업 시간에 무슨 일 있었어요? 기분이 안 좋아 보여요.
B: 수업 시간에 토론을 했는데 상대방의 의견에 반박하고 싶어서 말할 순서를 기다렸는데 발언 기회가 안 와서 기다리다 못해 중간에 끼어들었어요. 그랬더니 상대방이 자기 말을 끊었다며 심하게 화를 내더라고요.

③ A: 표정이 왜 그래요? 무슨 일이 있었어요?
B: 지하철에서 큰 소리로 전화를 하는 사람이 있어서 보다 못해 조용히 해 달라고 말을 꺼냈는데 오히려 저한테 상관 말라면서 화를 내더라고요.

④ A: 휴가는 잘 다녀왔어요?
B: 말도 마세요. 피서지의 식당에서 바가지를 써서 식당에 화를 내며 항의했는데 소용이 없어서 참다못해 소비자고발센터에 전화했어요.

Vocabulary & Expression

하늘의 뜬구름 | **clouds floating in the sky**

This is a metaphor for something unrealistic and difficult to achieve or a vague dream. It is generally used in expressions such as 하늘의 뜬구름을 잡다 or 뜬구름 잡는 소리를 하다.

ex A: 여보, 이번에 복권에 당첨되면 직장을 그만두고 최고급 캠핑카를 사서 여행을 다니고 싶어.
B: 무슨 하늘의 뜬구름 잡는 소리예요? 복권에 당첨되기가 어디 쉬워요?

단적으로 보여 주다 | **to show clearly**

단적 means something concrete and clear. Hence 단적으로 보여 주다 indicates showing or explaining a situation or problem very clearly. 단적으로 is often used with other verbs such as 말하다, 설명하다, or 표현하다.

ex 박물관에서 전시물을 손으로 만지는 사람들을 보면 공공 예절이 사라져 가고 있는 것을 단적으로 보여 주는 것 같아 씁쓸하다.

등골이 휘다 | **to have one's back bent**

This expression refers to difficult circumstances so that they are hard to bear. Similar expressions include 등골이 부러지다 and 등골이 빠지다.

ex 아이 셋을 먹이고 가르치려고 하니 부부가 같이 벌어도 등골이 휜다.

Listening Guide

These are public advertisements about proper education. Listen to the following three public advertisements to find out the problems with education that are pointed out and an explanation of what good education is. (☞『이화 한국어 6』 Track 24)

Answers

(1) ② 이 공익 광고에서는 여자가 가수가 되고 싶다는 자신의 꿈을 자주 말하면서 막연했던 꿈에 대해 확신이 생겨서 그 꿈을 이룰 수 있었다고 말하고 있다.

(2) ④ 부모가 아이들에게 성적 중심의 학업 부담을 지우지 말고 아이들이 갖고 있는 능력에 관심을 기울이자고 말하고 있다. 본 내용에서는 자녀의 재능을 찾는 법에 대해서는 구체적으로 언급하지 않았고, 입시 위주 교육이 잘못된 이유를 말하지 않았다.

(3) ④ 경제가 어려운 가운데에도 사교육비는 크게 증가했음을 언급했다. 그리고 학원을 다녀도 성적이 오르지 않을 수 있다는 점과 학생들이 학원 공부에 의존하고 있다는 것도 지적했다.

01 • –아/어 치우다

p.80

Grammar Focus

–아/어 치우다 refers to a speedy and thorough conclusion of some action so that nothing remains from that action. It is generally attached to verbs such as 하다, 갈다, 먹다, or 팔다.

Basic form	–아/어 치우다	Basic form	–아/어 치우다
읽다	읽어 치우다	갈다	갈아 치우다
먹다	먹어 치우다	팔다	팔아 치우다

ex A: 나타샤 씨, 냉장고에 우유가 왜 이렇게 많아요?
B: 우유를 싸게 팔길래 여러 개 샀는데 유통기한이 지나기 전에 빨리 먹어 치워야겠어요.

ex A: 수진아, 나 이 만화책 다음 권 좀 줄래?
B: 벌써 다 읽었어? 빨리도 읽어 치웠네.

ex A: 여보, 오늘은 장사가 잘됐나 봐요. 일찍 들어왔네요.
B: 응. 날도 덥고 물건도 얼마 안 남고 해서 싸게 팔아 치우고 일찍 가게 문을 닫았어.

ex A: 최근 영업 실적이 떨어졌다더니 영업부 직원들이 또 바뀌었네요.
B: 그러게요. 직원만 갈아 치운다고 근본적인 문제가 해결되는 건 아닐 텐데요.

Focus Plus

- –아/어 치우다 is often used with expressions indicating a very short time such as 눈 깜짝할 사이에, 단숨에, or 순식간에.

  ex 줄리앙은 배가 매우 고팠는지 주문한 음식이 나오자 순식간에 먹어 치웠다.

  ex A: 영화 '이순신'이 벌써 천만 관객을 달성했다면서요?
  B: 네. 영화를 개봉하자마자 단숨에 천만을 훌쩍 넘기고 역대 흥행 순위 기록도 갈아 치웠대요.

- 해치우다 is a fixed expression, and no spacing between letters is used.

  ex 수진은 집안일을 후다닥 해치우고 서둘러 집을 나갔다.

Answers

① 서울 핫도그 먹기 대회의 참가자들이 시작을 알리는 벨 소리와 함께 핫도그를 눈 깜짝할 사이에 먹어 치웠다.

② 이화전자가 올해 상반기에만 500만 대의 스마트 폰을 팔아 치웠다.

③ 성격이 급한 사람은 무슨 일이든 빨리빨리 해치우려고 해서 실수를 하곤 한다.

Vocabulary & Expression

중소 도시 인구와 맞먹다 | **to almost match the population of a small city**

맞먹다 means great similarity in terms of distance, time, or volume. 중소 도시 인구와 맞먹다 means that a certain number is similar to the population of a small or mid-sized city. It is also used in the form of 맞먹는 수, 맞먹는 크기, or 맞먹는 양.

ex A: 가수 김민호 씨가 한 달간 해외 공연을 했는데 인기가 엄청났다고 하더군요.
B: 네. 공연을 본 관객 수가 중소 도시 인구와 맞먹는 수였다니 정말 대단하지요?

ex 그는 평생을 모은 돈으로 서울 잠실운동장과 맞먹는 면적의 땅을 샀다.

중도에 포기하다 | **to give up in the midst of something**

중도 means during the time something is taking place. Expressions such as 중도에 하차하다 or 중도에 탈락하다 are also often used.

ex A: 얼마 전에 영화 보러 갔다가 수진 씨를 봤어요. 수진 씨가 작년에 미국으로 유학을 가지 않았어요?
B: 네. 그런데 유학 생활이 너무 힘들어 중도에 포기하고 돌아왔대요.

만족시키기에는 역부족이다 | **to be beyond one's ability to satisfy**

역부족 means the lack of power or ability to do something. 만족시키기에는 역부족이다 indicates the inability or incapacity to do something to satisfaction. It is generally used in the form of –기에는 역부족이다.

ex A: 김 대리, 새로 출시된 휴대 전화에 대한 반응이 예상에 못 미친다면서요?
B: 네. 디자인에 대한 반응은 좋은데 새로운 기능이 없어서 그런지 소비자들을 만족시키기에는 역부족인 것 같습니다.

경제적 뒷받침이 없다 | **to have no financial/economic support**

뒷받침 means invisible help or support, or a person or thing that performs that role. 경제적 뒷받침이 없다 indicates the lack of a financial back up or person to provide financial support. It is generally used in expressions such as 뒷받침이 있다/없다, 뒷받침을 받다, or 뒷받침을 하다.

ex A: 민호 씨, 유학 생활을 할 때 가장 힘든 점이 뭐였어요?
B: 경제적인 뒷받침이 없어서 학비며 생활비를 벌면서 공부해야 했던 게 제일 힘들었어요.

구심점의 역할을 하다 | to play a pivotal role

구심점 means a person, group, or ideology that plays a central part. 구심점의 역할을 하다 means to play a pivotal role in something. Similar expressions such as 구심점을 이루다 or 구심점으로 작용하다 are also used.

ex A: 김 감독님, 이번 국가대표 선발전에서 우승하셨는데요. 승리를 이끈 가장 큰 요인은 무엇이라고 분석하십니까?
B: 선수 하나하나의 역량도 훌륭했지만 주장 선수가 구심점 역할을 잘해 팀워크를 발휘한 것이 승리를 이끈 요인이라고 봅니다.

적재적소에 배치하다 | to put the right person in the right place

This expression means to place people in positions appropriate to their abilities or circumstances. Expressions such as 적재적소에 사용하다 or 적재적소에 놓다 are also often used.

ex A: 대표님, 기업을 운영하시면서 가장 중요하게 생각하시는 것은 무엇입니까?
B: 저는 인재들을 적재적소에 배치하여 그들의 능력을 최대한 끌어내는 일이 중요하다고 생각합니다.

ex 국회의원들은 국가 예산이 적재적소에서 사용될 수 있도록 관리하고 감독을 해야 한다.

Reading Guide

This column emphasizes the importance of the social function of schools. Read it and consider what alternatives there are for schools, why children should go to school despite the existence of such alternatives, and what social function only schools can fulfill. (☞ 『이화 한국어 6』 p.82)

Answers

(1) ① 제목에서 학교에 왜 가야 하는지에 대해 묻고 이에 대해 대답하는 방식으로 글을 전개하고 있다.

(2) ① 뒷받침해 주지 않으면
② 실력 차가 커서 수업 운영에 어려움이 있다.
③ 부모의 역량에 크게 의존하게 된다. 두 번째 단락에서 대안 학교와 홈스쿨링의 문제점을 언급했다.

(3) 가치관과 생활양식이 변화했기 때문에 마지막 단락에서 해당 내용을 설명하고 있다.

(4) 교재 정답 203쪽 참고

Vocabulary Expansion

눈에 불을 켜다 to have eyes shine with ambition/greed

This expression describes a person who takes great interest in or covets something and aggressively works to attain it.

ex A: 요즘 민수가 아르바이트를 너무 많이 하는 거 아니야? 공부할 시간도 모자랄 텐데.
B: 그러게. 그런데 학비를 벌어야 해서 그런지 돈이 되는 일이면 눈에 불을 켜고 달려드는 것 같아.

심혈을 기울이다 to pour one's heart and soul into something

심혈 means putting mind and physical strength together. 심혈을 기울이다 indicates doing one's best or doing something with great devotion.

ex A: 김준호 작가가 최근에 낸 소설 읽어 봤어요? 정말 감동적이더라고요.
B: 저도 읽었는데 정말 좋았어요. 이 책이 10년 동안 심혈을 기울여서 쓴 작품이래요.

정신을 가다듬다 to collect oneself

This expression means to collect one's wits or thoughts or to straighten out one's confused thoughts in order to think properly and stay in control.

ex A: 요즘 학교 축제 기간이라 그런지 도서관에 앉아 있어도 공부가 잘 안되네요.
B: 그래도 다음 주가 시험이니까 정신을 가다듬고 집중하려고 노력해 봐요.

촉각을 곤두세우다 to be on edge

곤두세우다 is the causative form of the verb 곤두서다 and means to make one's nerves stand on edge. 촉각을 곤두세우다 means to prepare for something with great concentration and tension.

ex A: 김진호 해설위원님, 이번 올림픽 펜싱 경기에서 어느 선수가 이길 것 같습니까?
B: 두 선수 모두 실력이 막상막하라서 상대방 행동 하나하나에 촉각을 곤두세우고 있습니다.

한 우물을 파다 to concentrate on one thing

우물 means a well dug in the ground to obtain water. 한 우물을 파다 means to concentrate on one thing and see it through to the end rather than changing constantly from one thing to another.

ex A: 이번 취직 시험에도 떨어지면 다른 자격증을 따 볼까 해.
B: 글쎄. 이것저것 해 보는 것도 좋지만 하고 싶은 일을 정해 한 우물을 파는 게 더 좋지 않을까?

p.89

Four-Character Sayings

박학다식

박학다식 means that one has great learning and is very knowledgeable. It is generally used in the form of 박학다식하다 or 박식하다.

ex A: 김 대리님은 정말 모르는 것이 없는 것 같아요. 뭐든지 물어보면 바로 알려 줘요.
B: 그렇죠? 워낙 박학다식하다고 직원들 사이에서도 유명하잖아요.

일취월장

일취월장 means to progress so rapidly that every day is different. It is generally used in the form of 일취월장하다 or 일취월장으로.

ex 김 감독은 일취월장하는 선수들의 실력을 보면서 흐뭇한 미소를 지었다.

팔방미인

팔방미인 means to be talented in many different areas or a person of outstanding abilities. It is generally used in the form of 팔방미인이다.

ex 아이돌 가수 중에는 노래와 춤, 연기까지 잘하는 팔방미인이 많다.

동문서답

동문서답 is used when someone gives an answer that is totally unrelated to the question. It is generally used in the form of 동문서답을 하다 or 동문서답이다.

ex A: 유키야, 오늘 몇 시쯤 들어올 거야?
B: 응, 오늘 수업이 2시에 시작해.
A: 아니, 웬 동문서답이야?

주경야독

주경야독 means working during the day and reading books at night and is used in reference to a person who studies hard despite difficult circumstances. It is generally used in the form of 주경야독하다 or 주경야독으로.

ex A: 그 소식 들었어요? 총무과 김진석 씨가 이번 승진 시험에서 최고점을 받았대요.
B: 정말요? 주경야독으로 공부하는 것이 쉽지 않았을 텐데 정말 대단하군요.

학수고대

학수고대 means to stretch out one's neck very long like a crane and wait ardently for something. It is generally used in the form of 학수고대하다.

ex 수진은 처음으로 해외여행을 가는 날을 달력에 표시해 놓고 학수고대하고 있다.

Vocabulary Check

Part 1 준비합시다 01

- 간판　signboard, bulletin board
- 당락　pass or fail
- 동요하다　to be restless
- 생활고　hardships of life
- 가파르다　to be steep
- 고심하다　to make great effort, to take great pains

Part 1 준비합시다 02

- 버릇없다　to be ill mannered/rude
- 시시콜콜　fussily, inquisitively
- 참견　interference
- 이직　changing jobs
- 인근　nearby

Part 1 들어 봅시다

- 쟁점　the point/issue
- 열악하다　to be inferior/poor
- 체벌　physical punishment
- 불신　distrust, disbelief
- 차원　perspective, dimension
- 뜬구름　clouds in the sky
- 막연하다　to be vague/obscure
- 확신　conviction, confidence
- 문득　suddenly
- 매기다　to decide, to evaluate
- 위주　-centered, -oriented
- 펼쳐지다　to be spread out
- 단적　clear and direct
- 사교육비　private education costs
- 집착하다　to stick to, to obsess about

Part 1 말해 봅시다

- 성취도　level of achievement
- 함양하다　to foster, to cultivate
- 부추기다　to encourage
- 원활하다　to be smooth/harmonious
- 격차　difference, gap
- 박탈감　sense of deprivation
- 공교육　public education

Part 2 준비합시다 01

- 종전　before, previously
- 신작　new work
- 상반기　first half of the year

Part 2 읽어 봅시다

- 축적되다　to be accumulated/piled up
- 실태　reality, the actual condition/circumstances
- 품행　conduct, behavior
- 배치하다　to place, to distribute
- 복귀　return
- 맞먹다　to be equal to, to be a match for
- 가정불화　family troubles
- 중도　the middle path
- 정규 교육　regular education
- 천편일률　everything is the same
- 구심점　central figure, core
- 전수하다　to pass on
- 선발하다　to select
- 적재적소　the right person in the right place

Part 2 써 봅시다

- 경찰청　National Police Agency
- 인성　character, personality
- 또래　peers

- 등한시하다 to neglect
- 힘입다 to be indebted to
- 탈락 failure, expulsion

Part 3 과제 활동

- 좌담회 discussion, round table talk
- 교육열 fever for education
- 부재 absence
- 미흡하다 to be insufficient, to be unsatisfactory

Part 3 어휘 확장

- 묵묵하다 to be silent
- 명심하다 to bear something in mind
- 들뜨다 to be restless, to be excited

Part 3 사자성어

- 척척 promptly, deftly
- 남다르다 to stand out from the rest
- 두각 prominence
- 학식 learning
- 능통하다 to be skilled at
- 전력 fighting power

Topic Vocabulary

Character Education

- 가치관을 형성하다 to form one's values
- 가족 간에 대화를 하다 to communicate with family members
- 경쟁 위주의 교육에서 벗어나다 to move away from competition-oriented education
- 긍정적인 사고방식을 갖다 to have a positive way of thinking
- 따돌림을 당하다 to be treated as an outcast
- 또래들과 잘 어울리다 to get along well with one's peers
- 이기심을 버리다 to stop being selfish
- 인성을 함양하다 to cultivate a good character
- 정서적 안정감을 주다 to provide emotional stability
- 주입식 교육에서 벗어나다 to move away from rote learning
- 지덕체를 강조하다 to emphasize wholistic education
- 품성이 바르다 to have an upright character
- 학교 폭력을 예방하다 to prevent violence in schools
- 협동 정신을 기르다 to cultivate a sense of cooperation

PART1 준비합시다 01 • –자니

p.92

Grammar Focus

–자니 indicates that while one has the intent of doing what is expressed in the preceding clause, the difficulties or problems in the following clause prevent one from proceeding as desired. It is generally attached to a verb and is used when the speaker hesitates or agonizes before carrying out the action in the preceding clause.

Basic form	–자니	Basic form	–자니
버리다	버리자니	돕다	돕자니
만들다	만들자니	있다	있자니

ex A: 민수 씨, 서류 상자가 제법 많은데 혼자서 다 옮기지 말고 다른 사람한테 도와 달라고 하지 그래요?
B: 동료들에게 도와 달라고 부탁하자니 다들 바쁜데 미안해서 그냥 저 혼자서 하려고요.

ex A: 마이클 씨, 이번 여행을 못 가게 되었다고 친구들에게 말했어요?
B: 아니요, 아직 못 했어요. 다 함께 가자고 약속한 여행이어서 못 간다고 말하자니 다들 실망할 것 같아서요.

ex A: 영민 씨, 왜 앉아 있어요? 아까 간호사가 침대에 누워 있으라고 했잖아요.
B: 침대에만 계속 누워 있자니 허리도 아프고 너무 답답해서요.

Focus Plus

- –자니 is generally used in the form of –자니 –고 –자니 –고.

ex A: 백화점까지 버스를 타자니 좀 돌아가는 것 같고 걸어가자니 좀 먼 것 같은데 어떻게 할까?
B: 날씨도 좋은데 운동도 할 겸 걸어가는 게 어때?

Answers

① A: 윗집에서 밤마다 개 짖는 소리가 들려서 잠을 푹 못 자요. 얼굴을 맞대고 직접 불만을 말하자니 관계가 나빠질까 봐 걱정이 되는데 어떻게 하면 좋을까요?
B: 우선 경비 아저씨에게 연락을 해서 윗집에 말을 전하는 게 어때요? 직접 말하는 것보다 어색하지 않아서 좋을 것 같은데요.

② A: 면접시험을 위해 면접용 정장이 필요해요. 친구에게 빌리자니 미안한데 어떻게 하면 좋을까요?
B: 상설 할인 매장에 가서 사면 어때요? 품질 좋은 정장을 아주 싸게 살 수 있을 거예요.

③ A: 살을 빼고 싶은데 바빠서 운동하기가 쉽지 않아요. 살 빠지는 약을 복용하자니 몸에 안 좋을 것 같아서 걱정되는데 어떻게 하면 좋을까요?
B: 약을 먹기보다는 소식하는 습관을 들이는 게 어때요? 식사량을 줄이고 매일 조금씩이라도 운동을 하면 살도 빠지고 건강도 지킬 수 있을 거예요.

④ A: 창업을 하기에 자금이 부족해요. 은행에서 집을 담보로 대출을 받자니 경제적 부담이 클 것 같은데 어떻게 하면 좋을까요?
B: 그동안 부어 놓은 적금을 해약하는 게 어때요? 요즘 은행 대출 이자율이 높아져서 대출을 받으면 부담이 많이 될 거예요.

Grammar Focus

–네 –네 하다 means that in regard to a certain state or situation, many people say that it is like the preceding verb or adjective and also like the following verb or adjective. It is used to indicate that people say various things or have various complaints. The preceding and following verbs and adjectives are either contrasting or related in meaning.

Basic form	–네 –네 하다	–았/었네 –았/었네 하다
예쁘다 / 밉다	예쁘네 밉네 하다	예뻤네 미웠네 하다
주다 / 받다	주네 받네	주었네 받았네 하다
밀다 / 끌다	미네 끄네	밀었네 끌었네 하다
이다 / 아니다	이네 아니네	이었네 아니었네 하다

ex A: 미셸 씨가 사는 동네에 공원이 생겼다면서요? 주민들이 좋아했겠어요.
B: 만족하는 사람들도 있기는 하지만 공원이 작네 공원 위치가 좋지 않네 하면서 불평하는 사람들도 있어요.

ex A: 마이클 씨, 유학생들이 기숙사 식당의 음식이 입맛에 잘 맞는대요?
B: 네. 처음에는 음식이 맵네 국이 짜네 했는데 지금은 맛있게 먹고 있는 것 같았어요.

ex A: 박진호 감독은 연기자들에게 불친절하고 성격도 괴팍스럽다고 하던데 정말 그래요?
B: 좀 그런 면이 있기는 하죠. 그런데 배우들에게 불친절하네 성격이 괴팍스럽네 해도 실력만큼은 박진호 감독을 따라올 사람이 없어요.

ex A: 민수 씨, 지금 살고 있는 아파트는 지은 지 오래된 것 같은데 재건축을 안 하나요?
B: 글쎄요. 재건축을 하네 안 하네 말들이 많더니 경기가 안 좋아서 그런지 이제는 그런 이야기조차 들리지 않네요.

ex A: 수진 씨가 남자 친구와 심하게 싸우고 헤어졌다던데 정말이에요?
B: 남자 친구와 싸웠네 이미 헤어졌네 하는 소문을 듣기는 했는데 진짜 헤어졌는지는 잘 모르겠어요.

Focus Plus

- –네 –네 하다 can be used alternately with –(으)/느니 –(으)/느니 하다 with few exceptions. –(으)/느니 –(으)/느니 하다 indicates behaving like this or that.

ex A: 마이클 씨, 지금 살고 있는 하숙집 시설은 어때요?
B: <u>시설이 좋네 안 좋네</u> 말들이 많은데 저는 매우 만족해요.
(=시설이 좋으니 안 좋으니)

ex A: 진희 씨가 우리 동네로 이사 오는 거 맞지요?
B: 네. 여기로 <u>이사 오네 마네</u> 하더니 결국 이사 오기로 했나 봐요.
(=이사 오느니 마느니)

- –네 –네 하다 can also be used alternately with –(ㄴ/는)다는 둥 –(ㄴ/는)다는 둥 하다 with few exceptions. –(ㄴ/는)다는 둥 –(ㄴ/는)다는 둥 하다 indicates that people have many things to say about a certain fact or situation.

  ex A: 사장님, 방금 나간 손님은 옷을 여러 번 입어 보는 것 같았는데 좀 사서 갔어요?
  B: 아니. 옷이 크네 옷감이 별로네 하며 이것저것 입어만 보다가 나갔어.
  (=옷이 크다는 둥 옷감이 별로라는 둥)

  ex 가게 문을 열자마자 들어온 손님은 채소가 싱싱하지 않네 자기가 찾는 과일이 없네 하며 불평만 늘어놓았다. (=싱싱하지 않다는 둥 자기가 찾는 과일이 없다는 둥)

- In everyday speech, the expressions –네 어쩌네 하다, –네 마네 하다, and 이러네 저러네 하다 are commonly used.

  ex A: 가수 김민수가 외국 가수의 노래를 표절했네 어쩌네 하는 소문이 있던데 진짜예요?
  B: 아니요. 어제 신문에서 봤는데 그런 소문이 있기는 했지만 사실이 아니라고 하더라고요.

  ex A: 이번에 인터넷에서 개인 정보 유출 사건이 일어났다면서요? 개인 정보가 어떻게 유출된 거래요?
  B: 지금 경찰에서 조사하고 있대요. 그런데 유출된 경로에 대해 이러네 저러네 하고 말들이 많아요.

Answers

① A: 한국에 와서 한국 사람을 직접 만나 보니까 어때요?
B: 칭찬에 인색하네 사귀기 어렵네 해도 알고 보면 정이 많고 따뜻한 것 같아요.

② A: 한국에 와서 한국어를 배워 보니까 어때요?
B: 발음이 까다롭네 호칭이 헷갈리네 해도 배우다 보면 요령이 생겨 재미있어요.

③ A: 한국에 와서 재래시장에 직접 가 보니까 어때요?
B: 흥정이 잘 안 되네 주차 공간이 부족하네 해도 다양하고 좋은 물건을 저렴하게 살 수 있어서 좋아요.

Vocabulary & Expression

반감을 표시하다	to express antipathy

반감 means opposition or resistance to a certain idea or argument. 반감을 표시하다 means to express that opposing feeling. The expressions 반감을 품다 and 반감을 가지다 are also often used.

ex A: 사장님께서 올해 임금을 동결하자고 하셨다면서요?
B: 네. 그런데 그 의견에 반감을 가진 직원들이 많아서 아마 임금 동결은 힘들 것 같아요.

ex 세금을 늘리자는 정책에 대해 일부 국회의원들이 반감을 표시했다.

논쟁을 벌이다	to have a debate/argument

This expression means to have a debate or argument over a certain topic. 벌이다 is used in the form of N을/를 벌이다, as seen in 싸움을 벌이다, 전쟁을 벌이다, or 소동을 벌이다.

ex A: 사무실 밖에서 시끄러운 소리가 들리던데 무슨 일이에요?
B: 티엔 씨와 마이클 씨가 이번에 출시하는 제품의 디자인 문제로 논쟁을 벌이고 있거든요. 두 사람의 생각이 많이 다른 것 같아요.

ex A: 경찰차가 건물 앞에 있던데 무슨 일이 생겼어요?
B: 한 남자가 건물 위에서 물건을 던지며 소동을 벌이다가 신고를 받고 출동한 경찰에게 잡힌 모양이에요.

Listening Guide

This is a part of a lecture explaining the principles behind the creation of Hangeul and the scientific characteristics of the Korean alphabet. Listen to the content of the lecture to find out how the vowels and consonants were made and why Hangeul is considered to be so scientific concentrating on specific examples. (☞『이화 한국어 6』 Track 31)

Answers

(1) ④ 강연자의 처음 설명은 세종대왕이 한글을 창제하게 된 배경에 대한 것이다.

(2) ② 상당수의 양반들이 한글 창제에 대해 반감을 표시했다고 했다.

(3) 교재 정답 204쪽 참고
① 'ㅅ'(시옷)은 이의 뾰족한 부분을 본떠서 만들었다고 했다.
② 'ㅁ'(미음)은 입술의 네모난 모양을 본떠서 만들었다고 했다.
③ 'ㅡ'(으)는 평평한 땅을 형상화했다고 했다.
④ 'ㅣ'(이)는 서 있는 사람을 형상화했다고 했다.

p.98

Grammar Focus

–되 indicates recognition of or permission for the content of the preceding clause but with the added provisions or conditions in the following clause. A literary expression with an old-fashioned feel, it is attached to a verb. It is used in the form of –으되 when attached to the verbs 있다, 없다, –았/었–, or –겠–.

Basic form	–되	–았/었으되	–겠으되
쓰다	쓰되	썼으되	쓰겠으되
잡다	잡되	잡았으되	잡겠으되
살다	살되	살았으되	살겠으되
돕다	돕되	도왔으되	돕겠으되
있다	있으되	있었으되	있겠으되

ex A: 저기요, 호텔 로비에 있는 컴퓨터를 사용해도 되나요?
B: 물론 사용하셔도 됩니다, 손님. 컴퓨터를 자유롭게 사용하시되 장시간 사용은 자제해 주시기를 부탁드립니다.

ex A: 저, 제가 이 도서관에서 책을 좀 빌리고 싶은데 어떻게 하면 돼요?
B: 학생증이 있으면 가능합니다. 그런데 빌려 가시되 꼭 보름 안으로 반납하셔야 합니다.

ex A: 선생님, 내일 토론을 할 때 제 생각을 자유롭게 말해도 되나요?
B: 그럼요. 그런데 자유롭게 의견을 밝히시되 의견이 다른 사람의 말에도 꼭 귀를 기울여야 해요.

ex A: 의사 선생님, 퇴원한 후에 먹으면 안 되는 음식이 있어요?
B: 특별히 피해야 하는 음식은 없습니다. 드시고 싶은 대로 드시되 과식은 절대 하지 마세요.

ex A: 엄마, 컴퓨터가 고장 나서 새로 사야 할 것 같아요.
B: 그러니? 그럼 컴퓨터를 새로 사되 너무 비싸지 않은 것으로 알아보렴.

ex A: 길을 건널 때는 신호등을 잘 봐야 하는 거 알지? 신호등을 보면서 건너되 주변도 잘 살펴야 해. 알겠지?
B: 알겠어요, 아빠.

ex A: 부장님, 급하게 거래처에 다녀와야 해서 그러는데 오후에 하는 회의 발표자를 저 대신에 김영민 씨로 바꿔도 될까요?
B: 그럼 김영민 씨로 바꾸시되 회의 진행에 차질이 없도록 내용을 잘 전달하셔야 합니다.

ex A: 할머니, 밖에서 친구들과 조금만 놀다가 와도 돼요?
B: 그래라. 재미있게 놀고 오되 저녁 식사 전까지는 반드시 돌아와라.

Focus Plus

- –되 can also be used in the form of –기는 –되 or –기는 하되 with few exceptions.

  ex A: 엄마, 냉장고에 있는 과일 먹어도 돼요?
  B: 그래. 그런데 먹기는 먹되 다 먹지는 말고 동생이 먹을 것은 좀 남겨 두렴.

  ex A: 교수님, 오늘까지 내기로 한 과제를 아직 다 못 해서 그러는데 이번 주말까지 내면 안 될까요?
  B: 그럼 이번 주말까지 내기는 하되 더 완벽하게 해서 제출하도록 하세요.

- –되 is attached to a verb or a noun. It is also used when the preceding and following clauses contain contrasting content, in which case –되 can be replaced with –지만.

  ex 그 피아니스트는 천재적인 재능과 탁월한 기교로 명성을 누렸으되 두 아들을 모두 병으로 잃고 자신도 우울증에 시달리는 등 안타까운 삶을 살았다. (=누렸지만)

  ex 휴대 전화가 편리하기는 편리하되 장시간 이용할 경우 건강에 해로울 수 있으므로 적당하게 이용해야 한다. (=편리하지만)

Answers

① A: 서랍 안에 있는 물건을 쓰려고 하는데 괜찮을까요?
B: 네, 괜찮습니다. 단, 물건을 쓰되 다 쓴 후에는 제자리에 갖다 놓으세요.

② A: 게시판에 공지 사항을 붙이려고 하는데 괜찮을까요?
B: 네, 괜찮습니다. 단, 붙이되 무단으로 하면 안 되고 미리 사무실의 확인 도장을 받아야 합니다.

③ A: 동아리 모임이 있어서 강의실을 사용하려고 하는데 괜찮을까요?
B: 네, 괜찮습니다. 단, 사용하되 다음 수업을 위해 뒷정리를 깨끗하게 해야 합니다.

④ A: 수술한 후에 운동을 하려고 하는데 괜찮을까요?
B: 네, 괜찮습니다. 단, 운동을 하되 몸에 무리가 갈 정도로 하지는 마세요.

Vocabulary & Expression

낭패를 보다 | **to fail miserably**

낭패 means to be in a pitiful state because something has failed to go as planned or contrary to expectations. 낭패를 보다 indicates one is experiencing difficulties as a result of a failed plan. 낭패를 당하다 is also commonly used.

ex A: 지난번 태풍으로 인해 우리 사과 농장도 큰 피해를 입었어요. 정말 속상해요.
B: 저런! 저희만 그런 줄 알았는데 수진 씨네 농장도 태풍 때문에 낭패를 봤군요.

ex 비행기 출발 40분 전까지 출국 수속을 하지 못하면 예약한 비행기를 못 타는 낭패를 당할 수도 있다.

명사를 꾸며 주다 | **to modify a noun**

꾸미다 is a linguistic expression that means to give details about the elements that make up a sentence. 명사를 꾸며 주다 means to more closely describe a noun.

ex A: 선생님, 문법을 설명한 책에 보면 '명사를 꾸며 준다'는 말이 나오던데 그 말이 어떤 뜻이에요?
B: '동생이 선물한 가방을 잃어버렸다'라는 문장을 예로 들어 볼게요. 여기에서 '가방'을 자세히 설명해 주는 말이 '동생이 선물한'이지요? 그러니까 '동생이 선물한'이 '가방'을 꾸며 주는 겁니다.

짚고 넘어가다 | **to make a point of something**

This expression means that something is not cursorily accepted but analyzed and calculated before it can be accepted.

ex A: 김 사장님, 우리 가게에 배달된 식재료 중 일부가 좀 오래된 것 같았어요. 그런 일이 반복되면 안 되니까 그 일은 이참에 분명하게 짚고 넘어가야겠습니다.
B: 죄송합니다. 제가 확인해 보고 다시는 그런 일이 생기지 않도록 하겠습니다.

ex 계속 반복되고 있는 학교 폭력 문제는 그냥 넘길 일이 아니라 분명히 짚고 넘어가야 할 문제이다.

미묘한 어감의 차이 | **subtle difference in nuance**

미묘하다 means something small that is not clearly apparent. 미묘한 어감의 차이 indicates that a difference in nuance is so small that it may not be noticeable rather than a clearly apparent difference.

ex A: 선생님, 두 살짜리 제 조카는 저만 보면 벙글벙글 웃어요.
B: 아기가 웃는 모양을 말할 때는 '벙글벙글 웃어요'보다는 '방글방글 웃어요'라고 말해요. '방글방글'과 '벙글벙글'은 미묘한 어감 차이가 있거든요.

ex A: 녹차의 종류가 많다고 하는데 맛이 다 비슷하지 않아?
B: 그렇지 않을걸. 비슷해 보여도 녹차마다 미묘한 맛의 차이가 있다고 들었거든.

속뜻이 담겨 있다	to have a hidden intent

속뜻 means a will or intention that is hidden and does not show on the surface.

ex A: 어제 민호 씨한테 돈 좀 빌려 달라고 전화했더니 지금은 바쁘다고 나중에 전화하라고 했어요. 지금 다시 전화하면 어떨까요?
B: 글쎄요. 다시 전화해 봤자 안 될 것 같아요. 나중에 전화하라는 말에는 빌려 주기 힘들다는 속뜻이 담겨 있는 것 같은데요.

ex 이 소설의 표면적인 주제는 남녀의 사랑이지만 좀 더 잘 읽어 보면 잃어버린 인간성을 되찾고자 하는 속뜻이 담겨 있다.

중점을 두다	to place focus on

중점 means the most important point to be considered in regard to something.

ex A: 교장 선생님, 이 학교에서 가장 중요하게 가르치고 있는 것은 무엇입니까?
B: 우리 학교는 무엇보다 인성 교육에 중점을 두고 학생들을 지도하고 있습니다.

ex 1970년대 한국 정부는 경제 성장에 중점을 두고 다양한 경제 발전 정책들을 만들었다.

Reading Guide

This is an explanation of the role of postpositions in the Korean language. Read the passage to examine the conditions in which postpositions can be omitted in everyday speech and the differences in nuances when they are omitted. (☞ 『이화 한국어 6』 p.100)

Answers

(1) ① 주격 조사, 목적격 조사, 수식절의 주어에 붙은 조사 등을 예로 들어 조사를 생략할 수 없는 경우와 생략 여부에 따라 달라지는 어감의 차이를 자세히 설명하고 있다.

(2) ③, ④ 첫 문단에서 조사는 문장에서 단어의 역할을 나타낸다고 했다. 또한 둘째 문단에서는 대화에서 주어, 목적어임이 분명할 경우 'N이/가'와 'N을/를'을 일반적으로 생략할 수 있다고 했다.

(3) ① 여러 가지 중에서 특정한 것을 지정하여 말할 때
② 꾸며 주는 문장의 주어에 조사가 붙었을 때

Vocabulary Expansion

말문이 트이다 to start talking well

말문 means an open mouth ready to talk. 말문이 트이다 indicates that someone who did not speak well before has now started to speak well.

ex A: 민호 씨, 몇 살에 말을 하기 시작했대요?
B: 저희 어머니 말씀으로는 다섯 살 때까지 말을 못하다가 어느 날 갑자기 말문이 트이더니 그 후로 보통 아이보다 말을 더 잘하게 되었다고 하셨어요.

몇 마디 건네다 to offer a few words

This expression means to say a few words to someone.

ex A: 김 후보님, 국회의원 선거 준비는 잘 되고 있습니까?
B: 시간이 너무 없어서 걱정입니다. 유권자 한 명 한 명을 만날 때마다 인사 좀 나누고 몇 마디 건네다 보면 하루가 금방 가더라고요.

입에 담다 to talk about something

This expression means to talk about something and is used in the form of 입에 담지 못하다.

ex A: 엄마, 왠지 이번 대학 입학시험은 떨어질 것 같은 느낌이 들어요.
B: 그런 말은 입에 담지도 마. 꼭 붙을 테니까 자신감을 가지고 끝까지 열심히 하렴.

토를 달다 to answer back

This expression means to add a comment about someone's words when that person has finished speaking. It is generally used when the added comments are thought to be unnecessary and often with adverbs such as 말끝마다, 일일이, or 사사건건.

ex A: 이번 출장을 위해서는 다른 부서의 도움이 필요할 텐데 협조를 많이 해 주나요?
B: 협조는커녕 하는 일마다 사사건건 토를 달면서 간섭을 해요.

화두를 던지다 to present a topic for discussion

화두 means a topic for discussion, while 화두를 던지다 means to start talking about a certain topic. It is also often used in expressions such as 화두를 꺼내다 or 화두를 돌리다.

ex A: 정미 씨, 어제 강연 들으러 갔다고 들었는데 어땠어요?
B: 강연자가 '가족'이라는 화두를 던지며 강연을 시작했는데 들으면 들을수록 감동적이었어요.

p.107

Four-Character Sayings

단도직입

단도직입 means to not beat around the bush but to get directly to the point or business at hand. It is generally used in the form of 단도직입으로, 단도직입적으로, or 단도직입적이다.

ex A: 민호 씨, 단도직입적으로 말할게요. 빌려 간 돈은 도대체 언제 갚을 거예요?
B: 미안해요. 다음 달에는 꼭 갚을게요.

왈가왈부

왈가왈부 means to disucss whether something is right or wrong. It is generally used in the form of 왈가왈부하다.

ex A: 수진 씨 이름이 이번 승진 대상자 명단에 없다니 정말 믿을 수 없네요.
B: 그러게요. 그런데 이미 결정이 됐으니 왈가왈부해 봤자 무슨 소용이 있겠어요?

횡설수설

횡설수설 means to speak in a disorganized or illogical way. It is generally used in the form of 횡설수설하다.

ex 교통사고 목격자가 많이 놀랐는지 경찰이 묻는 말에 대답도 못하고 횡설수설했다.

감언이설

감언이설 means sweet talk, that is, to say all the right things to curry someone's favor or to tempt someone by offering favorable conditions. It is generally used in the form of 감언이설에 속다, 감언이설에 넘어가다, or 감언이설로 꾀다.

ex 김영수는 큰돈을 벌게 해 주겠다는 사기꾼의 감언이설에 속아 전 재산을 잃었다.

언중유골

언중유골 is a figurative expression meaning that there is a deep, hidden meaning behind someone's words. It is generally used in the form of 언중유골이다.

ex A: 어제 원로 가수 박선우가 나온 방송 못 봤죠? 후배 가수들한테 '잘생긴 가수'가 아니라 '진짜 가수'가 되라고 했대요.
B: 얼마나 노래를 못하는 가수가 많으면 그런 말을 했겠어요. 정말 언중유골이 아닐 수 없네요.

언행일치

언행일치 means that a person's words and actions are in accord. It is generally used in the form of 언행일치를 이루다 or 언행일치를 실천하다.

ex 박민호는 자신이 말한 것을 반드시 행동으로 옮겨 언행일치를 이룬다고 평가받는다.

Vocabulary Check

Part 1 준비합시다 01

- 맞대다 to face someone
- 상설 permanent
- 담보 collateral

Part 1 준비합시다 02

- 손이 가다 to be a lot of work
- 인색하다 to be stingy
- 흥정 bargain
- 끼어들다 (car) to break in

Part 1 들어 봅시다

- 창제 creation
- 조합하다 to combine
- 제자 design
- 표기법 orthography
- 획 stroke
- 본뜨다 to take as a model
- 극적 dramatic
- 백성 common people
- 반감 opposition
- 논쟁 debate
- 굽히다 to bend (one's will)
- 목구멍 throat
- 평평하다 to be flat
- 형상화하다 to give shape to

Part 1 말해 봅시다

- 훈민정음 Hunminjeongeum (original name of Hangeul)
- 창제하다 to create, to invent
- 반포하다 to promulgate
- 천지인 heaven, earth, and man
- 채택하다 to select, to adopt
- 모아쓰다 to write down gathered together

Part 2 준비합시다 01

- 제자리 original/right place
- 뒷정리 cleaning up afterwards
- 무단 without notice

Part 2 읽어 봅시다

- 조사 postposition, postpositional word
- 주어 subject
- 목적어 object
- 낭패 failure
- 속뜻 real meaning, hidden meaning
- 자재 material
- 맥락 context
- 눈여겨보다 to watch carefully

Part 2 써 봅시다

- 독자적 independent
- 어순 word order
- 친족 kinship

Part 3 과제 활동

- 퀴즈 quiz
- 출제하다 set a problem, make questions
- 객관식 objective
- 주관식 subjective
- 식도락 epicurism
- 앓다 to be sick
- 총점 total score/marks
- 우승 winning

Part 3 어휘 확장

- 재잘재잘 chattily
- 신작 new work
- 씩씩거리다 to gasp, to pant
- 사사건건 every little thing

Part 3 사자성어

- 본문제 original issue/problem

Topic Vocabulary

Speech

- 가시가 돋친 말 sharp remark, barb
- 막말을 하다 to speak bluntly/ harshly
- 말귀를 알아듣다 to understand what is said
- 말꼬리를 잡다 to argue every point
- 말버릇을 고치다 to change one's way of speaking
- 말솜씨가 뛰어나다 to be a glib talker
- 말이 씨가 되다 to have words come true
- 말재주가 있다 to be a gifted talker
- 말투가 이상하다 to have a strange way of speaking
- 말투를 흉내 내다 to mimic another's way of speaking
- 입버릇처럼 말하다 to say something habitually
- 입에 발린 말 lip service

 p.110

Grammar Focus

-기는 고사하고 means that the content in the preceding clause is impossible or hard to realize when compared with the content in the following clause. Therefore, it shows that even the content in the following clause, which is easier to realize, is still hard to carry out or expresses the hope that the following at least is realized. It is attached to an adjective or a verb, and when attached to a noun it is used in the form of 은/는 고사하고.

Basic form	-기는 고사하고	Basic form	-기는 고사하고
한가하다	한가하기는 고사하고	쉬다	쉬기는 고사하고
재미있다	아름답기는 고사하고	앉다	앉기는 고사하고

ex A: 요즘도 회사 일이 많아요? 휴가철이라 좀 한가하지 않아요?
B: 말도 마세요. 한가하기는 고사하고 일이 많아서 제시간에 집에 가기도 쉽지 않아요.

ex A: 줄리앙, 어제 본 영화 재미있었어?
B: 아니. 재미있기는 고사하고 너무 지루해서 보다가 중간에 나왔어.

ex A: 민수 씨, 생일 축하해요. 아침에 미역국은 먹었어요?
B: 축하해 줘서 고마워요. 그런데 미역국을 먹기는 고사하고 축하 인사도 못 받았어요.

ex A: 몇 달째 비가 안 와서 농민들이 걱정이 많겠어요.
B: 네. 뉴스를 보니 가뭄 때문에 농사짓기는 고사하고 생활용수로 사용할 물도 부족하다고 하더군요.

ex A: 유키 씨, 자취 생활을 한 지 꽤 됐으니까 이제 음식은 잘 만들겠어요.
B: 잘 만들기는요. 아직도 요리는 고사하고 밥도 잘 못해요.

ex A: 수진 씨는 결혼 안 해요? 옆 부서의 지연 씨는 청첩장을 돌렸던데요.
B: 결혼은 고사하고 연애라도 했으면 좋겠어요.

Focus Plus

- -기는 고사하고 can also be used in the form of -는 것은 고사하고.

ex A: 수진 씨, 감기도 심한데 일찍 들어가서 좀 쉬는 게 어때요? 그래야 감기도 빨리 낫지요.
B: 네. 그러면 좋겠는데 내일까지 제출해야 하는 과제가 있어서 쉬는 건 고사하고 병원에 갈 시간도 없을 것 같아요.

ex A: 여보, 앞 동네에서 일어난 강도 사건 범인은 잡혔대요?
B: 아니요. 범인을 잡는 건 고사하고 아직 현장 조사도 끝내지 못했다고 하던데요.

- -기는 고사하고 is used only in a negative situation.

ex A: 마이클 씨, 축구 좋아해요? 같이 축구할까요?
B: 네, 좋아요. 저는 축구는 고사하고 농구도 잘해요. (×)

ex A: 줄리앙 씨, 친구 집들이에 가서 맛있는 음식은 많이 먹었어요?
B: 그럼요. 푸짐한 음식을 먹기는 고사하고 맛있는 후식까지 먹었는걸요. (×)

- 은/는 고사하고 can be used alternately with 은/는 말할 것도 없고 or 은/는 물론이고. While 은/는 고사하고 is used only in a negative situation, 은/는 말할 것도 없고 and 은/는 물론이고 can be used in both positive and negative situations.

ex A: 제이슨 씨는 얼굴도 잘생겼고 성격도 좋아서 학창시절에 정말 인기가 많았을 것 같아요.
B: 네. 제가 같은 학교 다녔던 친구한테서 들었는데 고등학교 때는 말할 것도 없고 대학 때도 정말 인기가 많았대요.

ex A: 이치로 씨, 짝사랑하는 여자한테 고백한다고 했죠, 어떻게 됐어요?
B: 고백은 말할 것도 없고 아직 만나자고 말도 못 꺼냈어요.

ex A: 이번 연말 가요제에서 김민호 씨가 상을 여러 개 받았지요?
B: 네, 올해의 음반상은 물론이고 인기상까지 받았어요.

ex A: 왕카이 씨가 하던 사업이 잘 안 돼서 집은 물론이고 자동차까지 압류 당했대요.
B: 네, 저도 들었어요. 밤낮없이 열심히 일했었는데 이렇게 돼서 정말 안타까워요.

- –기는 고사하고 can be used alternately with –기는커녕 (See 『이화 한국어 4』 Chapter 9, p.164) with few exceptions.

ex A: 민수 씨, 곧 졸업인데 요즘 취업이 어려워서 걱정이 많겠어요.
B: 네. 대기업에 들어가기는 고사하고 작은 회사에라도 취직이 되면 좋겠어요.
(=들어가기는커녕)

Answers

① A: 주택 마련 적금을 탔다면서요? 드디어 집을 장만했겠네요.
B: 집을 장만하기는 고사하고 그 돈으로 전세도 구하기 힘들어요.

② A: 입사 시험을 잘 봤다면서요? 합격 연락을 받았겠네요.
B: 합격 연락을 받기는 고사하고 필기시험도 합격하지 못했어요.

③ A: 월급이 대폭 인상됐다면서요? 대출 원금을 다 갚았겠네요.
B: 대출 원금을 다 갚기는 고사하고 대출 이자 내기도 어려워요.

④ A: 높은 영업 실적을 냈다면서요? 성과급을 받았겠네요.
B: 성과급을 받기는 고사하고 회사가 어려워서 월급도 받지 못하고 있어요.

Grammar Focus

-(으)ㄹ라치면 means that the situation in the following clause always occurs when one plans to perform the action in the preceding clause. In other words, it indicates that whenever one intends to do something in particular he or she is prevented from doing so because the situation in the following clause always occurs. It is attached to a verb.

Basic form	-(으)ㄹ라치면	Basic form	-(으)ㄹ라치면
쉬다	쉴라치면	듣다	들을라치면

ex A: 제이슨 씨, 잠깐 제 대신에 전화 좀 받아 줄래요? 화장실만 갈라치면 매번 전화가 와서 자리를 비울 수가 없어요.
B: 네, 알겠어요. 다녀오세요.

ex A: 어제 그 드라마 봤어요? 주인공은 어떻게 됐어요?
B: 드라마만 볼라치면 아기가 어찌나 울어 대던지 결국 못 봤어요.

ex A: 수진 씨, 주말 농장에서 채소를 키운다면서요. 잘 되고 있어요?
B: 뭐 좀 심을라치면 비가 많이 와서 아직 제대로 농작물을 심어 보지도 못했어요.

ex A: 티엔, 스피커가 고장 났어? 왜 자꾸 껐다 켜?
B: 어, 좀 들을라치면 자꾸 끊겨서. 이렇게 해 봐도 안 되면 수리 센터에 가지고 가 봐야겠어.

Focus Plus

- -(으)ㄹ라치면 is usually used in the colloquial form and can be used alternately with -(으)려고 하면 with few exceptions.

ex A: 유키 씨, 매우 피곤해 보여요. 잠을 못 잤어요?
B: 네. <u>잠 좀 잘라치면</u> 윗집에서 쿵쾅거려서 어제 한숨도 못 잤어요.
(=잠 좀 자려고 하면)

Answers

① A: 마당 청소를 할 거라고 했잖아요. 청소는 다 했어요?
B: 아니요. 아직 못 했어요. 제가 마당 청소를 할라치면 꼭 갑자기 비가 쏟아지더라고요.

② A: 여윳돈으로 투자를 할 거라고 했잖아요. 투자는 잘돼요?
B: 아니요. 제가 여윳돈이 생겨서 투자를 할라치면 꼭 목돈이 들어갈 일이 생기더라고요.

③ A: 도서관에서 책을 빌릴 거라고 했잖아요. 책은 빌렸어요?
B: 아니요. 제가 책을 빌릴라치면 꼭 빌리려는 책은 매번 대출 중이더라고요.

④ A: 최신 기종의 휴대 전화를 살 거라고 했잖아요. 잘 샀어요?
B: 아니요. 제가 휴대 전화를 살라치면 꼭 뉴스에서 새로운 기능의 휴대 전화가 곧 출시된다고 보도하더라고요.

PART1 들어 봅시다 판매 전략에 대한 강의 듣기

p.112

Vocabulary & Expression

덤으로 주다	to throw something into the bargain

덤 means to give something extra free of charge or refers to the thing that is given for free. Aside from 덤으로 주다, the expressions 덤을 주다 and 덤으로 얹어주다 are also often used.

ex A: 집 앞 마트에서 물건을 하나 사면 덤으로 같은 걸 하나 더 주는 행사를 하고 있어요.
B: 그래요? 마침 살 게 있었는데 가 봐야겠네요.

딱 떨어지다	to fall into place

In this expression, 떨어지다 means that the figure is divided without a remainder.

ex A: 줄리앙, 식사비 얼마 나왔어?
B: 사만 원. 넷이서 만 원씩 내면 딱 떨어져.

치밀한 계산	precise calculation

This expression means something is meticulously calculated. 치밀하다 is often used with the nouns 계획, 수법, and 대책 or in the form of 치밀한 N.

ex A: 담배 회사에서 금연 광고를 만들다니 참 아이러니하군요.
B: 그 역시도 회사 이미지 제고를 위해 치밀한 계산에서 나온 판매 전략이 아니겠어요?

Listening Guide

This is a part of a lecture on sales strategies. Listen carefully to find out the circumstances that gave rise to the term "free lunch", what kind of sales strategies are used by shops and the distribution industry to sell more goods, and some examples of sales strategy.
(☞「이화 한국어 6」 Track 38)

Answers

(1) ② 이 강연에서는 숫자 마케팅의 유래에 대해서는 언급하지 않았다. 반면에 백화점의 판매 전략과 공짜 점심과 회원제 서비스에 대해서 언급했다.

(2) 제품을 하나 구매하면 동일한 상품을 덤으로 주는 전략. 다수의 소비자를 유혹하기 위한 판매 전략으로 '덤으로 주는 전략'을 소개했다.

(3) ② 상품을 1,000원에 파는 것보다 990원에 판매하는 것이 효과적인 판매 전략이라고 언급했다.

(4) ① 백화점에 창문이나 시계를 설치하지 않는 것이 고객을 쇼핑에만 몰두하게 하는 전략이라고 소개했으므로 ①은 적절하지 않다.

 p.116

Grammar Focus

-ㄴ/는다는 is used when an adjective or a verb modifies the noun that comes after. It is used to explain nouns that provide abstract information such as 각오, 보장, 생각, 이론, 장점, 단점, or 특징. It takes the form of -다는 when attached to an adjective, -ㄴ/는다는 when attached to a verb, and (이)라는 when attached to a noun.

Basic form	-ㄴ/는다는	-었/았다는
뛰어나다	뛰어나다는	뛰어났다는
증가하다	증가한다는	증가했다는
만들다	만든다는	만들었다는
무리이다	무리라는	무리였다는

ex A: 김 과장님, 이번에 새로 출시된 노트북에는 어떤 특징이 있습니까?
B: 신제품에는 지문 인식 기술이 접목돼 기존 제품에 비해 보안이 뛰어나다는 특징이 있습니다.

ex A: 소파를 하나 사려고 하는데요. 작은 방에 놓을 만한 것 좀 보여 주시겠어요?
B: 손님, 그럼 이건 어떠세요? 이 소파는 접을 수 있어서 공간 활용이 자유롭다는 장점이 있습니다.

ex A: 선생님, 이 약을 잘 먹으면 몸이 괜찮아질까요?
B: 네. 그렇지만 오래 복용하면 소화력이 떨어진다는 단점이 있으니까 장기간 복용을 하지 않는 게 좋습니다.

ex A: 민호 씨, 식당을 내셨다면서요? 배우 활동도 바쁠 텐데 언제 이렇게 준비를 하셨어요?
B: 배우라는 직업이 항상 고정적인 수입을 얻는다는 보장이 없으니까 활동하면서 틈틈이 준비했어요.

ex A: 제이슨 씨, 우주를 소재로 한 영화들을 보다가 궁금해졌는데 지금의 우주는 어떻게 생기게 됐는지 알아요?
B: 네, 처음에 우주는 작았지만 거대한 폭발이 있은 후 지금처럼 팽창했다는 이론을 책에서 읽은 적이 있어요.

ex A: 부장님, 이번 일은 박영민 씨에게 맡길까 하는데 부장님 생각은 어떠세요?
B: 박영민 씨는 입사한 지 얼마 안 돼서 그 일을 맡기에는 아직은 무리라는 생각이 듭니다. 박영민 씨보다 먼저 들어온 직원들 중에서 찾아보는 게 어떻겠어요?

Focus Plus

- When -ㄴ/는다는 is used with nouns delivering words or information such as 소식, 소문, 보도, 주장, 지적, 핑계, 변명, 의견, or 진술, it can be used alternately with -ㄴ/는다고 하는.

ex A: 감기 때문에 마스크를 사러 약국에 갔더니 다 떨어졌대요.
B: 뉴스에서 미세먼지가 심각하다는 보도가 나간 후부터 그런 것 같아요. 사람들이 건강 문제에는 민감하잖아요.

ex A: 나타샤 씨, 아까 남편이랑 다투는 것 같던데 무슨 일 있었어요?
B: 오늘 저녁에 남편이 아이를 보기로 했는데 갑자기 일이 생겼다는 핑계를 대면서 저보고 보라고 하잖아요.

- –겠다는 is generally used in front of nouns such as 각오, 결심, 의욕, 다짐, 장담, or 목표.

ex A: 민수 씨는 새해에 무슨 결심을 했어요?
B: 올해에는 꼭 담배를 끊겠다는 결심을 했어요. 사실 제가 몇 년째 금연 계획만 세우고 성공하지 못했거든요.

ex A: 사원 여러분, 올해에는 매출을 두 배로 늘리겠다는 목표를 가지고 모두 열심히 일해 주시면 좋겠습니다.
B: 네, 알겠습니다. 사장님.

Answers

① A: 우량 기업에 투자할까 망설이고 있는데 괜찮을까?
B: 좀 더 생각해 보고 결정해. 우량 기업이라고 해서 반드시 높은 수익을 거둔다는 보장은 없잖아.

② A: 돈이 생겨서 은행에 저축을 할까 고민하고 있는데 괜찮을까?
B: 한번 해 봐. 이자 수익은 적지만 투자 원금이 보장된다는 장점이 있잖아.

③ A: 포인트 카드를 발급 받을까 생각 중인데 어떻게 할까?
B: 발급 받아. 포인트 카드를 만들면 적립금을 모아서 사용할 수 있다는 특징이 있잖아.

Tell me!

Expressions for good sales

Q What expressions can be used to talk about a certain product in a shop that sells well?

A When a product in a shop sells well, expressions such as 날개 돋친 듯이 팔리다, 불티나게 팔리다, or 없어서 못 팔다 can be used. 날개 돋친 듯이 팔리다 means that a product sells at great speed as if it grew wings and flew out in a flash. 불티나게 팔리다 means that a product is sold as soon as it is displayed on the shelf. Lastly, 없어서 못 팔다 means the product is sought by so many people that it is hard to keep up with the demand. Therefore, these three expressions can be used to say that a product sells well.

Vocabulary & Expression

시장을 움직이다	to move the market

움직이다 means to change a certain fact or situation to a different state, so 시장을 움직이다 indicates a change in the market situation. It is used in the form of N을/를 움직이다 with nouns such as 세상 or 사회.

ex A: 혼자 사는 사람들이 많아지면서 소량 판매되는 물건이나 간편식이 많아진 것 같아요.
B: 맞아요. 늘어난 1인 가구가 소비 시장을 움직이게 하는 것 같아요.

전설로 통하다	to be regarded as a legend

전설 means a story that has been passed down from the olden days. 전설로 통하다 means that someone has become famous for his/her great achievements and success in a particular field. Similar expressions such as 전설이 되다 or 전설을 이루다 can be used.

ex 김민수 씨는 입사한 후 1년 만에 자동차 오천 대를 팔아 영업 사원들에게는 전설로 통하는 사람이다.

인스턴트 라면의 불모지	wasteland for instant noodles

불모지 in this context means a place or state where a certain thing, field, or phenomenon has not been developed. 인스턴트 라면의 불모지 means a place where instant noodles are hardly known, so few people eat them and they are not produced and sold. 불모지 is generally used in the form of N의 불모지.

ex A: 노르웨이에서 라면 시장을 석권한 사람이 한국인이라는 거 알아요?
B: 네. 저도 텔레비전에서 본 적이 있어요. 인스턴트 라면의 불모지였던 노르웨이에서 오랜 시행착오 끝에 성공해서 지금은 '라면왕'이라고 불린다지요.

사업에 매진하다	to concentrate on one's business

매진하다 means to concentrate and focus efforts on one's work. It is used in the form of N에 매진하다 with nouns such as 학업, 연구, or 일.

ex A: 중소기업 지원 재단의 설립 목적은 무엇입니까?
B: 중소기업들이 자금난에 시달리지 않고 사업에 매진할 수 있도록 도와주는 것이 저희 재단 설립의 목적입니다.

발목을 잡다 | **to come back to haunt somebody**

This expression means that someone cannot get away from something or is dragged down. It is usually used in the form of 발목을 잡다 or 발목이 잡히다.

ex A: 야구 선수 김민수가 어깨 부상으로 당분간 선수 생활을 쉬어야 한대요.
B: 그래요? 이번 부상이 메이저 리그에 나가려던 김민수 선수의 발목을 잡겠군요.

고객의 마음을 사로잡다 | **to win the hearts of customers**

사로잡다 means to entirely captivate someone's thoughts or heart. 고객의 마음을 사로잡다 means that a company captures the hearts of its customers.

ex A: 김 부장님, 이화전자의 태블릿 PC가 최단기간에 100만 대의 판매고를 올렸다면서요?
B: 네. 사용이 편리한 데다가 디자인까지 세련돼서 고객들의 마음을 사로잡았다고 하더군요.

전략을 수립하다 | **to establish a strategy**

This expression means to make a plan incorporating methods to achieve something successfully. It is used in the form of N을/를 수립하다 with nouns such as 계획 or 대책.

ex A: 오랫동안 준비한 영화 '사랑'이 곧 개봉된다면서요?
B: 네. 공들여 만든 영화니까 홍보 전략을 잘 수립해서 흥행했으면 좋겠어요.

Reading Guide

This passage explains business strategies. Read it carefully to find out what business strategies the writer is talking about and what the writer's opinions are in regard to successful management strategies for a company. (☞『이화 한국어 6』 p.118)

Answers

(1) ③ 두 번째 단락에서 블루오션 전략은 규칙성이 없어서 경쟁과 무관하다고 했다.

(2) ② 현재 존재하지 않는 시장에 투자하는 것이 블루오션 전략이므로 사람들이 관심을 보이지 않았던 거머리를 이용한 것은 이에 해당한다.

(3) ② 두 번째 단락의 마지막 부분에서 블루오션이라는 용어는 새롭지만 전략 자체는 이전부터 존재하고 있었다고 설명하고 있다.

Vocabulary Expansion

무릎을 꿇다 to submit

This expression originates from the act of kneeling down when one is defeated in a competition or admits defeat, and therefore means to surrender or submit when defeated.

ex A: 이화기업 신제품에 결함이 발견돼서 곤욕을 치르고 있다는데 사실이에요?
B: 네. 소비자들의 빗발치는 항의에 결국 무릎을 꿇고 신제품을 전량 회수하기로 했대요.

순위를 다투다 to vie for precedence

다투다 in this context means to contend for victory or superiority. 순위를 다투다 means to compete for higher ranking.

ex A: 요즘 고가 화장품보다 중저가 화장품이 더 잘 팔린다면서요?
B: 네. 중저가 화장품 브랜드들이 판매 순위 1, 2위를 다투고 있다고 해요.

승패를 가르다 to determine victory or defeat

가르다 means to determine victory or ranking through competition, and 승패를 가르다 means that a certain important factor determines victory or defeat.

ex A: 감독님, 축구 경기에서 가장 중요한 건 뭘까요?
B: 저는 어떤 상황에서도 흔들리지 않는 선수들의 정신력이 승패를 가르는 요인이라고 생각합니다.

어깨를 견주다 to be of equal status

견주다 means to compare the quantity or quality of two or more objects. 어깨를 견주다 means that two people or things are similar in ability, level, or status when compared with each other.

ex A: 한국 영화가 이제 세계적으로 인정받는 수준까지 발전한 것 같아.
B: 맞아. 국제 영화제에서도 세계적인 감독들의 작품과 어깨를 견줄 수 있게 되었잖아.

접전을 벌이다 to have a tight match, to run neck-and-neck

접전 means a game or competition in which the winner is not easily decided as the competitors are nearly equal in their abilities. 접전을 벌이다 means to take part in a competition in which victory or defeat is not easily determined.

ex 잠시 후에 있을 태권도 결승전에서 두 선수가 치열한 접전을 벌일 것으로 예상된다.

 p.125

Four-Character Sayings

금상첨화

금상첨화 means to add flowers to silk, indicating one good thing on top of another. It is generally used in the form of **금상첨화이다**.

ex A: 이 식당 음식 정말 맛있지? 게다가 유기농 재료를 사용한대.
B: 음식도 맛있는데 건강에도 좋다니 금상첨화네.

일확천금

일확천금 means to make a fortune in one stroke without much effort. It is generally used in the form of **일확천금을 얻다**, **일확천금을 꿈꾸다**, or **일확천금을 노리다**.

ex A: 올해 복권 판매액이 사상 최고치를 기록했대요.
B: 정말요? 경제가 어려우니까 일확천금을 꿈꾸는 사람들이 많아진 것 같군요.

천정부지

천정부지 means that the end of the sky is unknown, indicating that house prices, general prices, or stock prices are skyrocketing. It is generally used in the form of **천정부지로**, followed by verbs such as **오르다**, **치솟다**, or **뛰다**.

ex 열심히 저축을 해도 집값이 천정부지로 치솟아서 서민들은 집 장만하기가 더 어려워졌다.

견물생심

견물생심 means that seeing an object gives rise to the desire to possess it and hence indicates greed. It is generally used in the form of **견물생심이다** or **견물생심으로**.

ex 견물생심이라고 좋은 물건을 보면 사고 싶어지는 것이 사람의 마음이다.

다다익선

다다익선 means the more objects, people or money, the better. It is generally used in the form of **다다익선이다**.

ex A: 마이클, 주말에 이사할 때 일손이 다섯 명이면 충분하겠지?
B: 다다익선이라는 말도 있잖아. 도와줄 사람이 더 있으면 좋을 것 같아.

소탐대실

소탐대실 means to incur a great loss in pursuing a small profit. It is generally used in the form of **소탐대실의**, **소탐대실이다**, or **소탐대실하다**.

ex 더 큰 수익을 얻기 위해 주식에 투자를 했는데 수익은 고사하고 원금조차 손해를 봤으니 소탐대실이 따로 없다.

Vocabulary Check

Part 1 준비합시다 01

- 본전 principal
- 회수하다 to reclaim, to recover
- 주택 마련 적금 home mortgage savings/deposits
- 대폭 drastically
- 인상되다 to be increased
- 영업 sales
- 실적 performance
- 성과급 performance-based bonus

Part 1 준비합시다 02

- 창업하다 to start a business
- 여윳돈 spare money
- 목돈 substantial sum of money

Part 1 들어 봅시다

- 의사 intention/intent
- 추첨하다 to draw lots
- 재방문 re-visit
- 용이하다 to be easy
- 상징성 symbolism
- 다수 majority
- 소수 minority
- 수상하다 to win a prize
- 서부 western region
- 유통업계 distribution industry
- 가격표 price tag
- 후자 the latter
- 편의 convenience
- 표지 cover
- 띄다 to be visible, to space out
- 둘러보다 to look around
- 몰두하다 to be absorbed

Part 1 말해 봅시다

- 원가 prime cost
- 인건비 personnel expenses, labor costs
- 복리 후생 welfare benefits
- 변두리 suburbs
- 원재료 raw materials
- 임대료 rental fee
- 실직하다 to lose one's job
- 대박 great success
- 소매 retail
- 도매 wholesale
- 원산지 place of origin
- 직거래 direct trade
- 사업체 company, business

Part 2 준비합시다 01

- 각오 determination, resolution
- 매진하다 to strive
- 노화 aging
- 탁월하다 to be outstanding/excellent
- 우량 good, excellent

Part 2 읽어 봅시다

- 잠재력 potential
- 창출하다 to create
- 점유율 share
- 발목을 잡다 to drag one's feet
- 지점 point
- 궁극적 ultimate, eventual
- 증대시키다 to increase
- 탐색 exploration
- 수월하다 to be easy
- 절감 reduction
- 식재료 ingredients

- 거머리 leech
- 의약품 medicine and medical supplies
- 경품 giveaway, free gift

Part 2 써 봅시다

- 약관 terms
- 개정 revision, amendment
- 등을 돌리다 to turn one's back on, to ignore

Part 3 과제 활동

- 상호 company name
- 업종 type of business
- 건전하다 to be sound/healthy

Part 3 어휘 확장

- 견주다 to compare
- 접전 close game
- 한 치 an inch
- 팽팽하다 to be tight
- 당선되다 to be elected
- 손색 inferiority, inadequacy
- 손에 땀을 쥐다 to have sweaty hands
- 골대 goal post
- 환호성을 지르다 to cheer

Part 3 사자성어

- 예년 average year
- 고공 행진 skyrocketing

Topic Vocabulary

Sales Strategy

- 끼워 팔다 to bundle something with another product
- 미끼 상품 loss leader
- 벤치마킹을 하다 to benchmark
- 브랜드 가치를 높이다 to promote brand value
- 소비 유형을 분석하다 to analyze consumption patterns
- 소량 판매를 하다 to sell a small quantity of something
- 서비스를 개선하다 to improve service
- 소비자의 지갑을 열다 to make consumers open their wallets, to attract consumers
- 적립카드를 발급하다 to issue a loyalty card
- 특가 상품 special deal
- 틈새시장을 공략하다 to target a niche market
- 판매 전략을 세우다 to establish a sales strategy

 p.128

Grammar Focus

-(으)ㄴ/는 양 means that something seems to take a certain shape or someone seems to be doing a certain action. It is also used to show that something is not what it seems to be. It is used in the form of -(으)ㄴ 양 when attached to an adjective, -(으)ㄴ/는 양 when attached to a verb, and 인 양 when attached to a noun.

Basic form	-(으)ㄴ 양	-는 양
많다	많은 양	×
먹다	먹은 양	먹는 양
동생이다	동생인 양	×

ex A: 민수 씨는 정말 돈이 많나 봐요. 경제적으로 여유가 있는 걸 은근히 자랑해요.
B: 아니에요. 항상 돈이 많은 양 자랑하지만 실제로는 오히려 빚이 많다고 들었어요.

ex A: 회사에서 수진 씨 혼자만 일을 한다고 하던데 정말 그래요?
B: 아니요. 수진 씨가 자기 혼자 일을 다 하는 양 하지만 모두들 자기 몫의 일을 하고 있어요.

ex A: 티엔 씨가 반에서 최고 점수를 받은 양 자랑을 하던데 혹시 1등을 했어요?
B: 티엔 씨가 시험을 잘 보긴 했어도 1등은 아닐 거예요. 시험이 워낙 쉬워서 대부분 좋은 점수를 받았거든요.

ex A: 마이클 씨는 우리보다 나이가 훨씬 많지요?
B: 아니요. 나이를 많이 먹은 양 행동하는데 사실 우리보다 몇 살 어려요.

Focus Plus

- -(으)ㄹ 양 is used to show the intention of the subject. In this case, it is used in the form of -(으)ㄹ 양으로 or -(으)ㄹ 양이면.

ex 요코는 계산을 할 양으로 지갑을 들고 계산대로 향했다.

Answers

① A: 이치로 씨가 집이 멀다면서요?
B: 아니요. 집이 회사 근처인데 집이 먼 양 지각할 때마다 변명을 해요.

② A: 이치로 씨가 회사 사정에 대해 잘 알아요?
B: 아니요. 회사 사정에 대해서 정확히 모르는데 회사 사정에 대해 잘 아는 양 으스대요.

③ A: 이치로 씨가 미국에서 오래 살았어요?
B: 아니요. 미국에 출장 몇 번 갔다 왔는데 미국에서 오래 산 양 경험담을 늘어놓곤 해요.

④ A: 이치로 씨가 혼자 프로젝트를 했어요?
B: 아니요. 지난번 프로젝트는 다 같이 했는데 혼자 프로젝트를 한 양 떠들고 다녀요.

 p.129

Grammar Focus

-는 둥 마는 둥 하다 indicates that it is hard to tell whether something has been done or not because the subject seems to have done it and at the same time seems not to have done it. It is attached to a verb.

Basic form	-는 둥 마는 둥 하다	Basic form	-는 둥 마는 둥 하다
보다	보는 둥 마는 둥 하다	만들다	만드는 둥 마는 둥 하다
듣다	듣는 둥 마는 둥 하다	짓다	짓는 둥 마는 둥 하다

ex A: 굉장히 피곤해 보이는데 어제 잘 못 잤어요?
B: 네. 어젯밤에 밀린 일을 하느라 자는 둥 마는 둥 했더니 하루 종일 피곤하네요.

ex A: 수진아, 지금 밥 먹으러 갈래? 아침에 시간이 없어서 식사를 하는 둥 마는 둥 하고 왔더니 배가 고프네.
B: 그래. 그럼 지금 밥 먹으러 가자.

ex A: 박 선생님, 지금 무슨 그림을 그렇게 심각하게 보고 있어요?
B: 아, 이거요? 우리 반 학생이 그린 그림인데 인물과 배경 모두 그리는 둥 마는 둥 해서 도대체 뭘 그렸는지 알 수가 없네요.

ex A: 고등학교 동창을 버스에서 우연히 만났다면서요? 정말 반가웠겠어요.
B: 네. 그런데 제가 바로 내려야 해서 친구와 이야기도 하는 둥 마는 둥 하고 아쉽게 헤어졌어요.

ex A: 오늘 학부모 모임에 지호 어머니께서 제일 먼저 오셨네요.
B: 네. 서둘러 와야 할 것 같아서 회사에서 일도 정리하는 둥 마는 둥 하고 나왔어요. 모임이 끝나면 다시 회사로 돌아가야 해요.

ex A: 햇볕이 너무 강해서 얼굴이 많이 타겠어요. 선크림은 바르고 나왔어요?
B: 나오기 전에 좀 바르긴 했는데 급히 나오느라고 바르는 둥 마는 둥 해서 효과가 별로 없을 것 같아요.

ex A: 우리 아이는 제가 아무리 잔소리를 해도 듣는 둥 마는 둥 해서 걱정이에요.
B: 아이들은 원래 부모님의 말에 집중하지 않는 면이 있어요. 그러니 너무 걱정하지 마세요.

ex A: 영민 씨, 가방에 뭐가 묻어 있어요.
B: 저런! 아까 낮에 커피를 쏟았는데 너무 바빠서 닦는 둥 마는 둥 했더니 얼룩이 졌네요.

Focus Plus

- -는 둥 마는 둥 하다 is used in the form of -다는/냐는/라는/자는 둥 -다는/냐는/라는/자는 둥 to indicate there are a lot of rumors saying this on one hand and that on the other hand.

  ex A: 가수 박은미 씨가 이번에 가요계를 은퇴한다고 하던데 정말이에요?
  B: 아니래요. 결혼한다는 둥 유학을 간다는 둥 소문이 많은데 사실은 앨범 작업 때문에 잠깐 해외에 나가 있을 거래요.

ex A: 우리 하숙집 아주머니는 오늘 왜 늦게 들어왔냐는 둥 내일은 일찍 올 거냐는 둥 제 일에 사사건건 참견해요.
B: 하숙집 아주머니가 율리아 씨한테 관심이 많으셔서 그러는 거니 너무 신경 쓰지 마세요.

ex A: 이번 방학에 특별한 계획이 있어요?
B: 친구들이 여행을 가자는 둥 같이 학원을 다니자는 둥 같이 시간을 보내자고 하는데 저는 아르바이트를 하려고요.

- –(으)ㄴ 둥 만 둥 is used to talk about a past situation and –(으)ㄹ 둥 말 둥 for a future situation.

ex A: 조금 전에 바쁘게 뛰어간 사람이 율리아 씨 아니에요?
B: 맞아요. 그런데 무슨 급한 일이 생겼는지 저를 본 둥 만 둥 하고 지나갔어요.

ex A: 민수 씨, 그렇게 말을 할 둥 말 둥 하면서 서 있지만 말고 하고 싶은 말이 있으면 분명하게 이야기해 보세요.
B: 에……. 그게, 사실은 좀 부탁할 게 있어서요.

ex A: 우리 아기는 밤에 잠을 잘 안 자서 걱정이에요.
B: 우리 아기도 그래요. 잠을 잘 둥 말 둥 하다가 결국 안 자고 보챌 때가 많아요.

Answers

눈을 뜨니 벌써 8시 30분이었다. 어젯밤에 회식 때문에 늦는 남편을 기다리느라 잠을 자는 둥 마는 둥 해서 일찍 일어나지 못했다. 헐레벌떡 일어나 아침을 차렸는데 남편은 입맛이 없는지 아침밥을 몇 숟가락 먹는 둥 마는 둥 하고 허둥지둥 나가면서 인사도 하는 둥 마는 둥 했다. 화가 났지만 아침부터 잔소리를 하면 하루 종일 기분이 좋지 않을 것 같아 참았다. 속이 상해서 어질러진 집도 치우는 둥 마는 둥 하고 영희네 집에 가서 커피를 마시면서 남편 흉을 좀 봤다. 그런데 영희 엄마도 무슨 안 좋은 일이 있는지 내 말을 듣는 둥 마는 둥 하고 먼 산만 바라보고 있었다. 어느 집이나 문제는 있기 마련이다. 아무튼 부부 싸움은 칼로 물 베기라고 아침부터 큰소리 내며 싸우지 않은 것은 잘한 일 같다.

한국인의 출생에 대한 강의 듣기

p.130

Vocabulary & Expression

효험이 있다	to be effective

효험 means the effect of a certain measure taken, and 효험이 있다 means the positive effect of operative or non-operative treatment or medicine. 효험을 보다 and 효험이 높다 are also often used.

ex A: 아버님 병세는 어떠세요? 좀 괜찮아지셨어요?
B: 병이 낫는 데 효험이 있다는 약은 모두 찾아서 드시고 계시는데 전혀 좋아지지 않고 있네요.

ex 유명한 의사를 찾아다니며 치료를 받고 있지만 아직까지 효험을 보지 못했다.

태교에 힘쓰다	to work hard on prenatal education

This expression means that one makes a concerted effort to carry out prenatal education during pregnancy.

ex A: 임신한 지 벌써 6개월이 되셨다면서요? 이제는 태교에도 신경을 쓰셔야겠네요.
B: 네. 태교가 태아의 정서 발달에 많은 도움을 준다고 해서 요즘 태교에 힘쓰고 있어요.

언행을 삼가다	to be prudent in speech and action

This expression means to be careful in speech and action. It is used in the form of N을/를 삼가다, as seen in 말을 삼가다 or 행동을 삼가다.

ex A: 한국 친구 집에 초대를 받았는데 조심해야 할 게 있나요? 제 친구는 조부모님과 함께 살거든요.
B: 친구 집에 가면 어른 앞에서 언행을 삼가고 예의를 갖추어 높임말을 사용하는 게 좋아요.

ex 다른 사람을 뒤에서 비난하는 말은 삼가는 게 좋다.

Listening Guide

This is a part of a lecture explaining Korean customs and taboos related to birth. Listen carefully while focusing on the contents of various customs related to birth and taboos related to pregnancy and childbirth. (☞『이화 한국어 6』 Track 45)

Answers

(1) ② 강의의 전반부에서 임신을 위한 노력, 태교의 정의, 출산 전후를 포함하여 태교 시의 금기 사항 등에 대해 자세히 설명하고 있다. 관혼상제는 전 시간에 설명한 강의 내용으로 태교와 비교하지는 않았다.

(2) ① 태교는 임신부와 가족이 함께 해야 한다고 생각했기 때문이라고 설명하고 있다.

(3) ④ 강의 후반부에서 출산 후 금기 사항을 설명하고 있는데 산모에게는 차가운 것을 삼가게 했다고 말했다.

Grammar Focus

-(으)ㄹ지언정 is an old-fashioned expression meaning that the action or condition in the preceding clause is acknowledged, but the content of the following clause is not acceptable. It is also used to emphasize the content of the following clause by making extreme assumptions regarding the preceding clause. It is similar in meaning to "it may be so, but..." or 'although it may be so, still..." It is attached to an adjective or a verb and takes the form of 일지언정 when attached to a noun. It is often used with adverbs such as 차라리, 비록, or 아무리.

Basic form	-(으)ㄹ지언정	-었/았을지언정
비싸다	비쌀지언정	비쌌을지언정
보내다	보낼지언정	보냈을지언정
죽다	죽을지언정	죽었을지언정
학생이다	학생일지언정	학생이었을지언정

ex A: 나타샤 씨의 아들은 나이에 비해 정말 어른스러운 것 같아요.
B: 맞아요. 나이는 비록 어릴지언정 생각만은 어른 못지않게 성숙해서 많은 사람들이 깜짝 놀라곤 해요.

ex A: 수진아, 그 어려운 번역 숙제를 혼자서 다 하려고 그래? 그냥 번역 잘하는 친구들에게 대신 좀 해 달라고 부탁해 봐.
B: 내 숙제인걸. 좋은 점수를 못 받을지언정 내 일은 내가 해야지. 다른 친구들에게 대신 해 달라고 부탁할 수는 없잖아.

ex A: 정미 씨, 사장님이 시킨 일을 하지 않으면 사장님 눈 밖에 날지도 몰라요.
B: 그래도 할 수 없죠. 비록 사장님한테 미움을 받을지언정 적법한 절차를 거치지 않은 일을 어떻게 할 수 있겠어요?

ex A: 마이클 씨, 전세 보증금이 부족해서 고민하고 있다면서요? 너무 고민만 하지 말고 가까운 친구들에게 좀 빌려 달라고 하는 게 어때요?
B: 저는 이사를 못 갈지언정 친구들에게 사정하면서까지 돈을 빌리고 싶지는 않네요.

ex A: 수미 씨가 다시 도박에 빠질까 봐 걱정이 돼요. 요즘 계속 도박 이야기만 하거든요.
B: 그럴 리 없어요. 과거에는 그런 행동을 했을지언정 지금은 도박에서 완전히 손을 씻었으니 다시 도박에 빠질 일이 없을 거예요.

ex 아무리 용감한 행동일지언정 법의 테두리에서 벗어난 행동은 그릇되었다고 할 수 있다.

Focus Plus

- Since -(으)ㄹ지언정 emphasizes a fact contrasting with the negative content aforementioned, it can be used alternately with -(으)ㄹ망정 with few exceptions. -(으)ㄹ망정, however, has a lighter tone.

  ex A: 민호 씨에게 장애가 있는데 직장 생활을 제대로 할 수 있을까요?
  B: 비록 신체적인 장애가 있을지언정 업무 능력도 뛰어나고 정신력도 그 누구보다 탁월하니 잘 해 나갈 거예요. (=있을망정)

  ex A: 부장님께서 최근 우리 회사 실적이 저조해서 구조 조정이 있을 거라고 했대요. 구조 조정 전에 그만 두어야 하는 건 아닌지 걱정이에요.
  B: 그래요? 부장님이 그런 말을 했을지언정 회사에서 공식적인 발표를 하기 전에는 모르는 일이니 일단 기다려 봐요. (=했을망정)

- -(으)ㄹ지언정 can be used alternately with -더라도 (See 『이화 한국어 4』 Chapter 4, p.60) with few exceptions, but -(으)ㄹ지언정 is generally used for more extreme assumptions.

  ex 내일 지구가 멸망할지언정 나는 한 그루의 사과나무를 심겠다.
  (=멸망하더라도)

  ex A: 집안일에, 회사 일까지 하려면 많이 힘들 텐데 계속 회사에 다니시려고요?
  B: 물론이에요. 힘들어서 쓰러질지언정 회사는 계속 다니려고요.
  (=힘들어서 쓰러지더라도)

Answers

① A: 숙제를 못 하면 선생님께 꾸중을 들을 텐데 어쩌려고 그래?
B: 선생님께 꾸중을 들을지언정 병원에 입원한 후배를 계속 간병할 거야. 난 숙제하는 것보다 후배를 간병하는 게 더 중요하다고 생각하거든.

② A: 사업에 실패하면 사람들의 비웃음을 살 텐데 어쩌려고 그래?
B: 사람들의 비웃음을 살지언정 뇌물을 주면서까지 계약을 성사시키지는 않겠어. 난 한두 번의 사업 실패는 앞으로의 성공을 위해서라면 참고 이겨 내야 한다고 봐.

③ A: 빌려 간 돈에 이자를 내라고 하면 형제 사이에 의가 상할 텐데 어쩌려고 그래?
B: 형제 사이에 의가 상할지언정 돈 문제는 정확하게 하자는 말을 꼭 하겠어. 난 형제 사이에도 돈 문제에 대해서는 분명하게 말해야 한다고 생각해.

④ A: 시간이 없으니까 요코 씨의 보고서라도 베끼지 않으면 낙제할 텐데 어쩌려고 그래?
B: 낙제를 할지언정 양심에 거리끼는 행동은 하고 싶지 않아. 난 진급하는 것보다 양심을 지키는 게 더 중요하다고 생각해.

Vocabulary & Expression

일자리를 전전하다 | **to wander from job to job**

전전하다 means to wander here and there, and 일자리를 전전하다 means to move from one job to another. It is used in the form of N을/를 전전하다, as seen in 여러 공장을 전전하다 or 셋방을 전전하다.

ex A: 민호 씨가 취직했다던데 정말이에요?
B: 네. 여러 일자리를 전전하던 끝에 드디어 제대로 된 직장에 들어가게 되었대요.

일감 부족으로 힘들어하다 | **to have a hard time due to a lack of work**

일감 means work to do, and 일감 부족으로 힘들어하다 means to have a hard time due to a lack of work.

ex 불경기가 계속되면서 일감 부족으로 힘들어하는 회사가 증가하고 있다.

ex A: 김 사장님, 왜 공장 기계를 돌리지 않고 계세요?
B: 작년까지는 일감이 넘쳐서 고민이었는데 올해는 일감이 많이 부족해서 당분간 기계를 돌리지 못할 것 같아요.

가정 형편이 어렵다 | **to have poor household circumstances**

형편 in this context means the conditions of a household, and 가정 형편이 어렵다 means that the household economic situation is not good. Expressions such as 집안 형편이 어렵다 and 살림 형편이 어렵다 are also often used.

ex A: 요즘 민호 씨가 아침부터 밤까지 계속 아르바이트를 하는 것 같던데 가정 형편이 많이 안 좋아요?
B: 네. 지난번에 집안 형편이 어려워서 학비를 제 손으로 벌어야 한다고 하더군요.

회의가 들다 | **to have doubts**

회의 means doubts in one's mind, and 회의가 들다 means to have doubts or to be skeptical. Expressions such as 회의를 느끼다, 회의가 생기다, or 회의를 품다 are also often used.

ex A: 요코 씨, 회사 그만두었다고 들었는데 무슨 일이 있었어요?
B: 아니요. 다만 제 적성에 맞지 않는 일이어서 계속 이 일을 해야 할까 하는 회의가 들어서요.

사위로 삼다 | make (someone) one's son-in-law

삼다 means to form a relationship with a person to connect that person with oneself. 사위로 삼다 means to deliberately form a connection with someone with the aim of making him one's son-in-law. 삼다 is used in the form of N(으)로 삼다, as seen in 양자로 삼다, 아내로 삼다, or 며느리로 삼다.

ex A: 요즘 드라마에 나오는 젊은 남자 배우들은 잘생긴 데다가 성격도 좋은 것 같아요.
B: 그러게요. 저도 딸이 있다면 사위로 삼았으면 좋겠다는 생각이 들 때가 있는걸요.

ex 조선 시대에는 친척의 아이를 양자로 삼아 대를 이으려는 양반들도 있었다.

자식 이기는 부모 없다 | No parents can win over their children.

This expression means that no parents can win over their children, so no parents can stop their children from doing what they want to do. It is used in the form of 자식 이기는 부모 없다고 or 자식 이기는 부모 없다는 말처럼.

ex A: 우리 딸아이 때문에 고민이 많아요. 적성에 안 맞는 공부를 하느니 학교를 그만두고 원하는 일을 하고 싶다고 하네요.
B: 걱정이 많으시겠어요. 그런데 자식 이기는 부모 없다고 일단 원하는 것을 하도록 하는 게 좋지 않을까 싶네요.

Reading Guide

This article is an interview with a news-making figure. Trace the flow of the article by distinguishing the journalist's questions from the interviewee's answers. In addition, read it carefully thinking about the main idea of the article while focusing on the hardships and difficulties that the interviewee has gone through and the turning points in his life.

(☞『이화 한국어 6』 p.136)

Answers

(1) ③ 박동진 변호사의 인생에서 중요한 시기, 즉 가난과 싸웠던 10대, 20대, 야학 시절, 결혼 무렵, 현재 등을 중심으로 일화와 인터뷰 내용을 함께 기술하고 있다.

(2) 야학에 다니게 된 것

(3) ③ 기자의 마지막 질문에 대해 박동진 변호사는 힘들지언정 꿈을 포기하지 말고 현실을 정면 돌파하라고 했다.

 p.142

Vocabulary Expansion

눈에 흙이 들어가다 **to die and be buried**

This expression means to die and be buried, in other words, death. It is generally used to strongly oppose other's opinion and used in the form of 눈에 흙이 들어가기 전에는 안 된다.

ex A: 아버지, 저는 김민호 씨와 꼭 결혼하고 싶어요. 허락해 주세요.
B: 안 된다. 내 눈에 흙이 들어가기 전에는 절대로 그 사람과 결혼할 수 없어.

목숨을 끊다 **to take one's own life**

목숨 means the strength of people or animals to live by breathing. 목숨을 끊다 means to take one's own life.

ex A: 최근 들어 노인들의 자살이 늘고 있다면서요?
B: 네. 질병으로 인한 통증과 외로움에 시달리다가 스스로 목숨을 끊는 일이 증가하고 있다네요.

숨이 멎다 **to stop breathing**

숨 means the air people or animals breathe in and out, and 숨이 멎다 means to stop breathing, in other words, death.

ex A: 아까 발생한 교통사고 환자는 수술이 잘 됐어요?
B: 안타깝게도 그 환자는 피를 너무 많이 흘린 탓인지 수술을 시작하기도 전에 숨이 멎었어요.

최후를 맞다 **to meet one's end**

최후 means the last moment of life, and 최후를 맞다 means to meet the end of one's life, or to die.

ex A: 이순신 장군은 어떻게 돌아가셨어요?
B: 화살에 찔렸는데도 계속 참고 싸우다가 결국 전쟁터에서 최후를 맞이했어요.

한 줌의 재가 되다 **to become a handful of ashes**

재 means the ashes left after something is burned, and 한 줌의 재가 되다 means that the dead body becomes a handful of ashes after it is cremated. This is also an expression for death.

ex A: 영화배우 신철수 씨가 오랜 투병 생활 끝에 결국 세상을 떠났다면서요?
B: 네. 얼마 전에 한 줌의 재가 되었다고 하더군요.

Four-Character Sayings

대기만성

대기만성 means that a person destined to achieve great success usually does not see success early. It is used in the form of 대기만성하다, 대기만성형이다, or 대기만성이라는 말처럼.

ex 가수 이지호는 오랜 무명 시절을 견디고 성공한 대기만성형 가수이다.

전화위복

전화위복 means a misfortune becomes a blessing. It is generally used in the form of 전화위복의 계기 or 전화위복이 되다.

ex A: 박 사장님, 젊었을 때 사업 실패를 많이 경험하셨다면서요?
B: 네. 그런데 실패한 경험을 전화위복의 계기로 삼아 계속 도전했더니 오히려 더 큰 성공이 저를 기다리고 있더군요.

파란만장

파란만장 means a life or work full of ups and downs. It is generally used in the form of 파란만장하다.

ex 이번 영화제에서 대상을 받은 작품은 파란만장한 삶을 살다 간 어느 여행가의 일대기를 다룬 영화이다.

고진감래

고진감래 means sweet after bitter, in other words, pleasure follows pain. It is generally used in the form of 고진감래라고 or 고진감래라는 말.

ex A: 최영호 씨가 드디어 축구 국가 대표 선수로 발탁되었다면서요?
B: 네. 고진감래라고 하더니 3년 동안의 고된 훈련 끝에 결국 국가 대표 선수가 됐어요.

백년해로

백년해로 means that a married couple grows old together in peace. It is generally used in the form of 백년해로를 약속하다 or 백년해로하다.

ex A: 지난주에 요코 씨 결혼식에 갔었지요?
B: 네. 신랑과 신부가 한국어와 일본어로 백년해로를 맹세할 때 저도 모르게 눈물이 났어요.

자수성가

자수성가 means the establishment of a household on one's own strength without inheriting a fortune. It is generally used in the form of 자수성가하다.

ex 성공한 기업가 중에는 맨손으로 시작해 온갖 역경을 딛고 고생한 끝에 자수성가하는 경우가 많다.

Vocabulary Check

Part 1 준비합시다 01

- 냉랭하다 to be cold
- 훈계조 preaching tone
- 으스대다 to brag, to boast
- 중병 serious illness
- 엄살 big fuss

Part 1 준비합시다 02

- 헐레벌떡 hurriedly
- 허둥지둥 in haste
- 어질러지다 to become untidy
- 흉 fault

Part 1 들어 봅시다

- 삼가다 to abstain from
- 산모 woman who has just given birth
- 배냇저고리 *baenaet jeogori*, first upper garment that a newborn baby wears.
- 부기 swelling
- 겹 layer
- 금줄 straw rope (to ward off evil spirits)
- 부정하다 to be unclean
- 관혼상제 four big ceremonial occasions in life: coming of age, wedding, funeral and ancestral rites
- 상갓집 house of mourning
- 태아 embryo, fetus
- 삼칠일 baby's twenty-first day of life
- 숯 charcoal
- 신성하다 to be sacred, to be holy
- 효험 effect
- 태교 prenatal education
- 언행 speech and action
- 금기 taboo
- 납득하다 to accept, to understand
- 타당하다 to be reasonable
- 오돌토돌하다 to be covered in bumps
- 속설 common saying
- 솔잎 pine needles
- 붓 brush

Part 1 말해 봅시다

- 영정 portrait of the deceased
- 조문객 consoler, mourner
- 빈소 funeral parlor
- 묵념 silent tribute
- 고인 the deceased, the dead
- 매장 burial
- 화장 cremation
- 장묘 funeral and cremation
- 수목장 woodland burial
- 기리다 to pay tribute to
- 애통하다 to grieve, to mourn

Part 2 준비합시다 01

- 종말 end
- 심다 to plant
- 간병하다 to nurse, to care for
- 비웃음 ridicule
- 뇌물 bribe
- 성사시키다 to achieve, to accomplish
- 의가 상하다 to quarrel
- 낙제하다 to fail
- 거리끼다 to hesitate

Part 2 읽어 봅시다

- 꾸리다 to manage, to run
- 수석 first place
- 마다하다 to refuse, to reject
- 의뢰인 client
- 전전하다 to wander
- 사법연수원 Judicial Research and Training Institute
- 야학 night school
- 파란만장하다 to be full of ups and downs
- 낙방하다 to fail/flunk
- 여의다 to lose
- 고달프다 to be weary, to be worn out
- 굴곡(이) 있다 to have ups and downs
- 사법 시험 bar/judicial examination

Part 2 써 봅시다

- 펄펄 up and down, flying into a rage
- 열망하다 to long for

Part 3 과제 활동

- 글로벌 global
- 라운지 lounge
- 응하다 to answer, to respond to

Part 3 사자성어

- 전업 changing one's job
- 모색하다 to seek, to find

Topic Vocabulary

Death

- 목숨을 바치다 to give one's life
- 별세하다 to pass away
- 생명을 잃다 to lose one's life
- 생을 마감하다 to end one's life
- 서거하다 to pass away
- 숨을 거두다 to breathe one's last
- 숨지다 to die, to stop breathing
- 젊은 나이에 요절하다 to die young
- 운명하다 to pass away
- 유명을 달리하다 to pass away
- 작고하다 to die, to pass away
- 저 세상으로 가다 to pass onto the other world
- 타계하다 to pass on, to depart this life
- 하늘나라로 가다 to go to one's rest

PART1 준비합시다 01 • -는 통에

p.146

Grammar Focus

-는 통에 indicates that a certain situation becomes the reason for something. It is generally used when a very disorderly and confused situation becomes the cause for the negative content in the following clause. It is attached to a verb, and when attached to a noun it takes the form of 통에.

Basic form	-는 통에	Basic form	-는 통에
싸우다	싸우는 통에	웃다	웃는 통에
조르다	조르는 통에	떠들다	떠드는 통에

ex A: 제이슨, 배낭여행은 재미있었어?
B: 말도 마. 같이 간 친구들이 계속 티격태격 싸우는 통에 마음 편히 구경도 못했어.

ex A: 수진 씨, 신제품이 다음 달에 나온다고 했지요? 출시 준비는 거의 끝나가요?
B: 네. 그런데 회사에서 출시일을 앞당기라고 재촉하는 통에 요즘 너무 바쁘네요.

ex A: 영민 씨, 요즘 왜 집에 일찍 안 가려고 해요? 평소에는 일찍 들어갔잖아요.
B: 지난주에 결혼기념일을 깜박 잊고 못 챙겼더니 아내가 며칠째 들볶는 통에 일찍 들어가고 싶은 마음이 안 생기네요.

ex A: 민수야, 오늘 음악 시간에 노래 발표는 잘했니?
B: 아니요, 엄마. 앞으로 나가다가 넘어질 뻔했는데 아이들이 깔깔거리고 웃는 통에 당황해서 가사를 잊어버렸어요.

ex A: 왕카이 씨, 시험공부는 열심히 했어요?
B: 아니요. 같은 방을 쓰는 친구가 계속 말을 시키면서 떠드는 통에 집중을 할 수가 없었어요.

ex A: 영민 씨, 지난 장맛비 때문에 과수원이 피해를 많이 봤다면서요?
B: 네. 장마 통에 애써 키운 과일들이 상하고 맛도 떨어져서 손해가 컸어요.

ex A: 이번 추석 때 남북 이산가족 상봉이 추진될 거래요.
B: 그래요? 전쟁 통에 헤어진 가족들을 만나는 사람들이 많았으면 좋겠네요.

Focus Plus

- 통에 is used with a limited number of nouns such as 전쟁, 난리, or 장마.

  ex 아버지는 난리 통에 헤어진 가족을 찾기 위해 수십 년 동안 신문에 광고를 내 오셨다.

- -는 통에 is used with -아/어 대다, which indicates that a certain action is repeated until it is very serious or excessive. It is commonly used in the form of -아/어 대는 통에.

  ex A: 민수야, 우리 팀 과제 오늘까지 하기로 한 거 아니었어?
  B: 미안해. 어제 여자 친구가 계속 놀자고 졸라 대는 통에 내가 맡은 부분을 끝내지 못했어.

● -는 바람에 (See 『이화 한국어 3-1』 Chapter 7, p.138) is used when something serves as the cause of an unexpected or undesired result. On the other hand, -는 통에 is only used when the result is negative.

ex A: 어제부터 백화점에서 큰 세일이 시작됐대요.
B: 안 그래도 저도 갔었는데 사람들이 한꺼번에 몰려드는 통에 좀 위험했어요.
(=몰려드는 바람에)

ex A: 유키 씨, 노래 대회 예선을 통과했다면서요? 축하해요.
B: 고마워요. 그런데 예선에서 우승한 사람이 기권을 하는 바람에 차점자인 제가 나가게 됐어요.

● As -는 통에 indicates the cause of a negative result in the following clause, it can be used alternately with -(으)ㄴ/는 탓에 (See 『이화 한국어 4』 Chapter 5, p.94). However, -는 통에 indicates that a complex and chaotic situation in the preceding clause leads to the negative result while -(으)ㄴ/는 탓에 indicates that something wrong or negative is the cause.

ex A: 줄리앙 씨, 오늘은 좀 늦었네요.
B: 네. 어제 늦게 잔 탓에 아침에 늦게 일어났어요.

ex A: 제이슨 씨, 쓰기 숙제를 안 냈군요.
B: 네, 선생님. 회사에서 회의를 잇따라 하는 통에 정신이 없어서 숙제를 사무실에 놓고 왔습니다.
(= 한 탓에)

Answers

① A: 왜 영화를 제대로 못 봤어요?
B: 옆자리에 앉은 사람이 계속 들락날락하는 통에 영화를 제대로 볼 수가 없었어요.

② A: 오늘 왜 그렇게 늦게 왔어요?
B: 출근길에 터널에서 10중 추돌사고가 나는 통에 2시간이나 늦게 출근했어요.

③ A: 오늘 방송국 앞에서 사람들이 넘어져서 다치는 사고가 났다면서요?
B: 네. 인기 배우를 보려고 사람들이 서로 밀어대는 통에 그런 사고가 났대요.

④ A: 왜 해외여행 계획을 취소했어요?
B: 환율이 갑자기 천정부지로 오르는 통에 해외여행 계획을 취소할 수밖에 없었어요.

Grammar Focus

-겠거니 하고 means that the action in the following clause is taken after presuming or acknowledging the fact in the preceding clause as a matter of course. It is attached to an adjective or a verb. When presuming a past situation, it takes the form of -았/었겠거니 하고. When attached to a noun, it takes the form of (이)겠거니 하고.

Basic form	-겠거니 하고	Basic form	-겠거니 하고
바쁘다	바쁘겠거니 하고	낫다	낫겠거니 하고

ex A: 티엔, 유학 와서 부모님께 자주 연락 안 드리면 걱정 많이 하지 않으셔?
B: 응. 그런데 자주 연락 못 드려도 부모님은 많이 바쁘겠거니 하고 이해해 주셔.

ex A: 사람들이 말로는 쓰레기를 줄여야 한다고 하면서 왜 그렇게 일회용품을 많이 사용하는지 모르겠어요.
B: 나 하나쯤은 써도 되겠거니 하는 생각 때문에 그런 게 아닐까요?

ex A: 유키 씨, 감기가 오래 가네요. 병원에는 갔다 왔어요?
B: 사실은 좀 괜찮아져서 다 나았겠거니 하고 약을 안 먹었더니 다시 심해졌어요.

ex A: 나타샤 씨가 결혼했다는 게 사실이에요? 저는 미혼인 줄 알았어요.
B: 저도 처음에는 너무 어려 보여서 당연히 미혼이겠거니 했는데 아이까지 있대요.

Focus Plus

- Aside from 하다, -겠거니 can also be used with 생각하다 and 싶다.

  ex 나는 당연히 친구가 내 생일을 기억하겠거니 생각했다.

  ex 그토록 오고 싶었던 한국 유학이니 문화가 달라서 불편한 것쯤은 참아야겠거니 싶었다.

- -겠거니 can also be used in the form of -겠지.

  ex 6시면 일이 끝나겠거니 하고 저녁 약속을 잡았는데 영 끝날 기미가 보이지 않는다.
  (=끝나겠지 하고)

Answers

① A: 휴대 전화 배터리가 충분하겠거니 하고 배터리를 갈아 끼우지 않았는데 괜찮겠지요?
B: 글쎄요. 휴대 전화를 많이 사용하면 배터리가 빨리 닳으니까 배터리를 갈아 끼우는 게 낫겠어요.

② A: 며칠이 지나면 감기가 낫겠거니 하고 병원에 가지 않았는데 괜찮겠지요?
B: 글쎄요. 요즘 감기는 잘 떨어지지 않으니까 병원에 가 보는 게 낫겠어요.

③ A: 시험이 쉽게 출제되겠거니 하고 공부를 대충 했는데 괜찮겠지요?
B: 글쎄요. 예상치 못한 문제가 나올 가능성이 있으니까 꼼꼼하게 다시 공부하는 게 낫겠어요.

④ A: 대학원을 졸업하면 쉽게 취업하겠거니 하고 취업 준비를 하지 않았는데 괜찮겠지요?
B: 글쎄요. 경기 불황으로 취업하기가 어려우니까 그래도 취업 준비를 잘 해 두는 게 낫겠어요.

Vocabulary & Expression

열을 올리다	to be passionate about something

In this context 열 means passion or ardor, and 열을 올리다 means to be engrossed in or to be very passionate about something. A similar expression is 열을 쏟다.

ex 기업에서는 헤드헌터까지 동원하여 유능한 인재 채용에 열을 올린다.

어려움에 직면하다	to face difficulty

This expression means to face or be placed in a difficult situation.
With nouns such as 문제, 위기, or 반대, it is used in the form of N에 직면하다.

ex A: 동물 사랑 동호회에서 운영하는 유기견 보호소가 문을 닫을지도 모른대요.
B: 네, 저도 들었어요. 사료 값과 유지비가 감당이 안 돼 어려움에 직면했대요.

무분별하게 사용하다	to use thoughtlessly

This expression means to use something incorrectly or imprudently. 무분별하게 is often used with verbs such as 사용하다, 행동하다, or 개발하다.

ex 등산로에는 사람들이 무분별하게 사용한 후 버리고 간 일회용품들이 널려 있었다.

Listening Guide

This is an interview about the depletion of resources and environmental issues. Listen to the interview to find out the problems caused by depletion of resources and the environmental issues that arise from the use of fossil fuels. Also, listen carefully for the efforts that must be made by the state, businesses, and individuals to protect the environment. (☞『이화 한국어 6』 Track 52)

Answers

(1) ③ 이 인터뷰에서는 화석 연료를 채굴하고 운반하는 과정에서 해양을 오염시킬 수도 있다고 했지만 이를 방지하기 위한 대책에 대해서는 언급하지 않았다.

(2) ① 화석 연료를 사용할 때 배출되는 이산화탄소가 지구 온난화를 초래하는 대표적인 온실가스라고 언급했다. 또한 화석 연료를 채굴하거나 운반하는 과정보다 사용하는 과정에서 가장 심각한 환경오염이 일어난다고 했다.

(3) 교재 정답 207쪽 참고

Grammar Focus

-(으)ㄹ 바에(야) means that the situation in the preceding clause is unsatisfactory or does not come up to expectations. Therefore, sentences containing -(으)ㄹ 바에(야) indicates that while the situation in the following clause is also unsatisfactory, it is preferred to the situation in the preceding clause which is much more unsatisfactory. -(으)ㄹ 바에(야) is attached to a verb.

Basic form	-(으)ㄹ 바에(야)	Basic form	-(으)ㄹ 바에(야)
기다리다	기다릴 바에(야)	걷다	걸을 바에(야)
굶다	굶을 바에(야)	돕다	도울 바에(야)
만들다	만들 바에(야)	짓다	지을 바에(야)

ex A: 유키야, 영화 좌석이 맨 앞자리만 남았다는데 그냥 볼래?
B: 글쎄. 안 좋은 자리에서 볼 바에야 차라리 다음 회를 보는 게 좋을 것 같은데.

ex A: 김 대리, 이사 갈 집을 알아보는 건 어떻게 되고 있어요? 적당한 집을 찾았어요?
B: 아직요. 조건에 맞는 집을 찾기가 쉽지 않네요. 이렇게 힘들게 집을 구할 바에야 좀 멀어도 그냥 지금 집에서 살까 해요.

ex A: 이 티셔츠가 세 장에 만 원이래. 정말 싸지?
B: 그런데 품질이 별로네. 이거 사서 몇 번 못 입고 버릴 바에야 아예 좋은 걸로 사서 오랫동안 입는 게 더 나을 것 같아.

ex A: 수진 씨, 지난번에 소개받은 사람은 어땠어요? 계속 만날 거예요?
B: 아니요. 별로 마음에 들지 않았어요. 그 남자를 만날 바에야 차라리 혼자 지내는 게 나을 것 같아요.

ex A: 요즘 체중 관리한다고 먹고 싶은 걸 못 먹었더니 스트레스가 쌓여 죽겠어요.
B: 그렇게 스트레스를 받을 바에야 차라리 먹고 싶은 음식을 적당히 먹으면서 다이어트를 하는 게 낫지 않겠어요?

ex A: 줄리앙 씨, 오래간만에 산책 좀 하려고 하는데 같이 갈래요?
B: 미안해요. 이렇게 뜨거운 날 밖에서 걸을 바에야 차라리 그냥 집에서 텔레비전이나 볼래요.

ex A: 수진 씨, 영민 씨가 소개한 아르바이트 할 거예요?
B: 아니요, 시급이 적어서 안 하려고요. 돈도 못 벌 바에야 그 시간에 공부를 하는 게 나을 것 같아요.

Focus Plus

- -(으)ㄹ 바에(야) is followed by an adverb such as 차라리 or 아예.

ex A: 오늘 저녁에도 김치찌개를 먹을까요?
B: 또 김치찌개요? 벌써 삼 일째 똑같은 음식이잖아요. 그걸 먹을 바에야 차라리 라면을 끓여 먹을래요.

ex A: 민수 씨, 합격한 회사에 다니지 않겠다는 말이 사실이에요?
B: 네. 정말 가고 싶은 회사는 아니라서요. 원하는 회사에 다니지 못할 바에야 부모님 일을 돕는 게 나을 것 같아요.

- –(으)ㄹ 바에(야) is often used with 이렇다, 그렇다, or 저렇다 when referring to the whole of the previous content.

ex A: 요가 학원을 등록하기는 했는데 저녁에도 일이 많아서 자주 못 갈 것 같아.
B: 그럴 바에야 아예 회사 안에 있는 운동 시설을 이용하는 게 어때? 잠깐씩 운동하기에는 괜찮을 것 같은데.

ex A: 어휴, 길도 많이 막히고 사람도 정말 많군요. 게다가 음식 값도 너무 비싸네요. 휴가를 온 게 아니라 고생하러 온 것 같아요.
B: 그러게요. 이럴 바에는 집에서 맛있는 음식이나 먹으면서 편히 쉴 걸 그랬나 봐요.

ex A: 수진 씨가 또 남자 친구와 싸웠나 봐요. 아까부터 방에서 울고 있어요.
B: 요즘 자주 다투는 것 같지요? 저럴 바에야 그만 헤어지는 게 낫지 않을까요?

- –(으)ㄹ 바에(야) can be used alternately with –느니 (See『이화 한국어 6』Chapter 3, p.63) with few exceptions.

ex A: 이 책들을 어떡하지? 사 놓고 읽지 않아서 공간만 많이 차지하고 있어.
B: 그래? 안 읽을 바에야 차라리 다른 사람에게 주거나 기증하는 게 어때?
(=안 읽느니)

Answers

① A: 사람이 많지만 식당 앞에서 줄을 서서 기다리는 게 어때?
B: 줄을 서서 한참을 기다릴 바에야 그냥 편의점에서 간단하게 때울래. 그게 시간도 절약되고 더 나을 것 같아.

② A: 시간이 늦었으니 그만 집에 돌아가는 게 어때?
B: 지금 들어가서 부모님께 야단을 맞을 바에야 실컷 놀다가 들어갈래. 야단을 맞더라도 그게 나을 것 같아.

③ A: 노트북을 살 거면 최신 노트북을 할부로 사는 게 어때?
B: 할부로 사서 할부 이자를 낼 바에야 안 살래. 이자를 내는 돈이라도 아끼는 게 나을 것 같아.

④ A: 배가 고프니까 우선 라면으로 끼니를 때우는 게 어때?
B: 인스턴트 음식을 먹을 바에야 시간이 걸리더라도 밥을 해서 먹을래. 건강을 생각하면 그게 더 나을 것 같아.

Vocabulary & Expression

질서를 근본적으로 뒤흔들다 | **to shake the order to its very foundation**

뒤흔들다 is used to mean to shake a thing that has very great consequences. 질서를 근본적으로 뒤흔들다 means to greatly influence the order fundamentally. It is used in the form of N을/를 뒤흔들다 with nouns such as 체제, 세상, or 역사.

ex A: 교수님, 18세기에 일어난 산업혁명이 가져온 가장 큰 변화는 무엇입니까?
B: 네, 산업혁명은 당시 농업 중심 사회를 공업 사회로 바뀌게 했고 신분 제도 질서도 근본적으로 뒤흔들었지요.

ex A: 와, 이 잡지 표지 좀 봐요. 유명한 사람들 얼굴로 모자이크 이미지를 만들었어요.
B: 멋있네요. 이번 호 특집 기사가 '21세기에 세상을 뒤흔든 사람들'이라서 그런가 봐요.

목소리가 이어지다 | **to constantly express an opinion**

목소리 in this context is used figuratively to mean a person's opinion or argument. 목소리가 이어지다 indicates that opinions concerning something are continually expressed. Similar expressions such as 목소리를 내다, 목소리를 높이다, or 목소리가 나오다 are also often used.

ex 길에서 쓰러진 시민이 주위 사람들로부터 아무런 도움을 받지 못해 사망한 사건이 발생한 후에 이기주의와 무관심에 대한 성찰의 목소리가 이어졌다.

ex A: 정부가 쓰레기 매립장 선정을 앞두고 어려움을 겪고 있다면서요?
B: 네, 뉴스를 보니까 후보지로 거론된 지역 주민들이 설립 반대의 목소리를 높이고 있어 정부도 난감한 모양이더라고요.

염두에 두다 | **to bear something in mind**

This expression means to keep thinking about something. It is generally used in the form of N을/를 염두에 두다.

ex A: 영민아, 민수가 요즘 어떻게 지내는지 알아?
B: 응, 큰아버지 식당에서 일하고 있대. 나중에 식당 창업할 걸 염두에 두고 일을 배우는 것 같아.

상생을 추구하다 | **to seek mutual growth**

상생 means two or more people or things giving strength to each other and prospering together. 상생을 추구하다 means to seek mutual growth or prosperity. Similar expressions such as 상생을 도모하다 or 상생을 실천하다 are also often used.

ⓔⓧ 경기가 어려워지자 대기업과 중소기업의 상생을 추구하기 위해 기업 회장단이 한자리에 모여 대책을 의논했다.

상상 이상이다	to be more than/greater than expected

This expression means that a certain situation is much more severe or better than imagined. It is often used in the forms of 상상 이상으로 or 상상 이상의.

ⓔⓧ A: 와, 여기 정말 멋있다. 저기 멀리 바다도 보이고. 큰 기대하지 않고 왔는데 정말 좋다.
B: 그렇지? 사진에서 본 것보다 상상 이상이지?

ⓔⓧ A: 과학회관에서 열리고 있는 로봇 박람회에 가 봤어요?
B: 네. 주말에 가 봤는데 로봇 기술을 활용할 수 있는 분야가 상상 이상으로 많아서 깜짝 놀랐어요.

이 문제로부터 자유로울 수 없다	to be accountable in this issue

This expression indicates that one is deeply involved in a certain issue and cannot easily escape blame. It is used in the form of N(으)로부터/에서 자유로울 수 없다 with nouns such as 논란, 책임, or 평가.

ⓔⓧ A: 다음 세대에게 깨끗한 자연을 물려줘야 할 텐데 그동안 경제 발전에만 급급해서 환경 보호는 뒷전으로 밀린 감이 있어요.
B: 맞아요. 개인이든 기업이든 환경 문제로부터 자유로울 수 없지요. 지금부터라도 환경 보호를 위해 모두가 노력해야 할 때인 것 같아요.

Reading Guide

This column explains the concept of green growth and suggests directions for the future in order to protect the environment and achieve economic growth. Read it carefully, focusing on the reasons why governments around the world are pursuing green growth and what efforts we should make to achieve it. (☞『이화 한국어 6』 p.154)

Answers

(1) 교재 정답 207쪽 참고

(2) ③ 세 번째 단락에서 선진국들이 녹색 성장에 국력을 집중하고 있다고 하면서 그 이유를 설명하고 있다.

(3) ② 네 번째 단락에서 녹색 성장을 위한 노력들을 말하고 있다.

(4) ④ 녹색 성장은 환경과 경제의 상생을 추구하는 것이며 이것이 우리의 필수 과제라고 말했으므로 환경을 지키면서 경제 성장을 이끌자는 것이 글쓴이의 의도라고 볼 수 있다.

Vocabulary Expansion

꼬리표를 떼다 **to get rid of a tag**

꼬리표 refers to a negative evaluation or epithet that is always associated with a person. 꼬리표를 떼다 means to rise above or get rid of that negative image.

ex 한국대학교 야구단이 드디어 만년 꼴찌라는 꼬리표를 떼고 대학 야구 경기에서 우승했다.

대단원의 막을 내리다 **to come to an end**

대단원 means the end of something or the last scene in a play or novel when everything in the story is resolved. 대단원의 막을 내리다 means that something that has proceeded for a long time has finally come to an end.

ex 일 년 동안 방영된 드라마 '청춘 시대'가 대단원의 막을 내리자 많은 시청자들이 아쉬워했다.

마침표를 찍다 **to finish, to bring to a close**

마침표 means the period at the end of a sentence. 마침표를 찍다 means that a work in progress has finished or been brought to an end.

ex 아버지는 삼십 년간의 교사 생활에 마침표를 찍고 올해 정년퇴직을 하셨다.

발을 빼다 **to fink out**

발을 빼다 means to completely withdraw involvement in something. It is often used in reference to cutting involvement in an undesirable situation or project.

ex A: 민수 씨, 창업 준비는 잘 돼 가요? 투자자들은 다 모았어요?
B: 실은 투자하기로 했던 사람들이 발을 빼겠다고 해서 시작도 못해 보고 접게 생겼어요.

유종의 미를 거두다 **to finish something well**

유종 means that everything that has a start also has an end. 유종의 미 means to finish something and end it on a positive note.

ex A: 그 소식 들었어요? 수영 선수 박지훈이 이번 올림픽 대회를 끝으로 은퇴한대요.
B: 그래요? 그래도 이번 대회에서 금메달을 땄으니 유종의 미를 거두었네요.

p.161

Four-Character Sayings

설상가상

설상가상 means frost comes on top of snow and indicates a situation where difficulties come one on top of another. It is generally used in the form of 설상가상으로 or 설상가상이다.

ex 수해 지역의 복구 인원이 부족한 데다가 설상가상으로 비까지 내려서 피해 복구에 애를 먹고 있다.

속수무책

속수무책 means one cannot do anything because one's hands are tied. It indicates a situation where nothing can be done about a problem because no solution can be found. It is generally used in the form of 속수무책이다 or 속수무책으로.

ex A: 서해 바다에 유조선이 침몰해서 바다가 기름으로 뒤덮였대요.
B: 네. 저도 그 뉴스 봤어요. 오염된 범위가 너무 넓어서 지역 주민들은 속수무책으로 지켜만 보고 있다고 하더군요.

자업자득

자업자득 means one reaps what one sows. It is generally used in the form of 자업자득이다.

ex A: 이번에 민호 씨와 같이 팀 프로젝트를 하겠다는 사람이 없어서 민호 씨가 다른 팀으로 갔어요.
B: 민호 씨가 잘난 척도 심하고 사람들을 무시하는 편이잖아요. 그러니까 자업자득이죠.

과유불급

과유불급 means that too much is as bad as too little, that is, all things should be done with moderation. It is generally used in the form of 과유불급이다.

ex 운동이 건강에 좋아도 과유불급이라고 갑자기 많이 하면 몸에 무리가 갈 수 있다.

구사일생

구사일생 means to narrowly escape death after experiencing many near-death situations. It is generally used in the form of 구사일생으로.

ex 할아버지께서는 젊은 시절 전쟁에 나갔다가 구사일생으로 살아남으셨다.

불가항력

불가항력 means a force that cannot be fought with human strength and refers to a natural disaster or big accident that cannot be solved in any way. It is generally used in the form of 불가항력의, 불가항력적인 or 불가항력이다.

ex 태풍이나 지진 같은 자연 재해는 불가항력이어서 피해를 완벽하게 막는 것이 어렵다.

Vocabulary Check

Part 1 준비합시다 01

- 침수 flooding
- 들락날락하다 to come and go

Part 1 준비합시다 02

- 절전 power saving, energy efficiency

Part 1 들어 봅시다

- 인위적 artificial, man-made
- 고갈 depletion
- 풍력 wind power
- 조력 tidal power
- 이산화탄소 carbon dioxide
- 산업혁명 industrial revolution
- 농도 concentration
- 수송 transportation
- 감축량 reduced amount
- 앞당겨지다 to bring forward, to speed up
- 보유하다 to possess, to preserve
- 채굴하다 to mine
- 토양 soil
- 해양 ocean
- 유조선 oil ship
- 침몰하다 to sink
- 유출되다 to be leaked
- 초래하다 to bring about, to cause
- 화석연료 fossil fuel
- 감축하다 to reduce, to cut
- 합의하다 to agree
- 지양하다 to stop, to refrain from

Part 1 말해 봅시다

- 연중 year round
- 주먹구구 rule of thumb, rough estimation
- 신빙성 credibility, reliability
- 애물단지 burden, nuisance
- 강행하다 to push ahead with
- 기인하다 to arise from, to be caused by

Part 2 준비합시다 01

- 재수 repeating (studies for the college entrance exams)

Part 2 읽어 봅시다

- 보조금 subsidy
- 돋치다 to sprout, to grow
- 철거 demolition
- 혁신 innovation
- 성찰 self-reflection
- 회의 doubt, misgivings
- 염두 mind, thoughts

Part 2 써 봅시다

- 당위성 justification
- 가속화 acceleration
- 실효 actual effect

Part 3 과제 활동

- 개사하다 to rewrite lyrics (of a song)
- 무스 mousse
- 단장 grooming, makeup
- 합성세제 synthetic detergent
- 내던지다 to throw out, to give up
- 의례히 as a matter of course

Part 3 어휘 확장

- 마당놀이 outdoor performance
- 자리매김하다 to maintain a certain

position/rank

- 임하다 to face, to deal with

Part 3 사자성어

- 애초 from the start
- 휘다 to bend
- 고립되다 to be isolated, to be cut off
- 발각되다 to be discovered

Topic Vocabulary

Environmental Protection in Daily Life

- 가까운 곳은 걸어서 다니다 to walk to nearby places
- 개인 컵을 사용하다 to use one's own cup (ie. not a disposable cup)
- 나무를 심고 가꾸다 to plant and take care of a tree
- 대중교통을 이용하다 to use public transport
- 음식을 먹을 만큼만 시키다 to order only as much as one can eat
- 쓰레기를 재활용하다 to recycle garbage
- 쓰레기를 분리 배출하다 to sort recyclable wastes
- 일회용품 사용을 줄이다 to reduce use of disposable items
- 전기를 절약하다 to save electricity
- 장바구니를 사용하다 to use an eco bag
- 친환경 제품을 사용하다 to use eco-friendly goods

 p.164

Grammar Focus

-기(에) 망정이지 indicates a sense of relief that something turned out well or something bad was avoided because of the content in the preceding clause. It is attached to an adjective or a verb, and when attached to a noun it takes the form of (이)기에 망정이지. It is often used with the adverb 하마터면.

Basic form	-기(에) 망정이지	-았/었기(에) 망정이지
많다	많기에 망정이지	많았기에 망정이지
만나다	만나기에 망정이지	만났기에 망정이지
잡다	잡기에 망정이지	잡았기에 망정이지
어른이다	어른이기에 망정이지	어른이었기에 망정이지

ex A: 미셸 씨, 오늘 정말 춥지 않아요? 잠깐 밖에 나갔다 왔는데 목도 아프고 머리도 아픈 게 감기에 걸린 것 같아요.
B: 그러게요. 우리 하숙집이 따뜻하기에 망정이지 안 그랬으면 저도 감기에 걸렸을지 몰라요.

ex A: 오늘 회의에 중국어 통역사가 못 왔다고 들었는데 어떻게 됐어요?
B: 다행히 우리 부서 김민호 씨가 중국어를 좀 하더라고요. 민호 씨가 중국어를 할 줄 알기에 망정이지 하마터면 중요한 계약이 취소될 뻔했어요.

ex A: 수진 씨, 다음 주에 여행가죠? 지금 여행 성수기라서 숙소 구하기가 어렵지 않았어요?
B: 주말에는 숙소 구하기가 어려운데 평일에는 괜찮대요. 평일에 가기에 망정이지 하마터면 숙소도 못 구할 뻔했어요.

ex A: 컴퓨터가 고장 났다면서요? 저장해 둔 파일은 괜찮아요?
B: 네. 따로 저장해 두었기에 망정이지 하마터면 자료가 다 날아갈 뻔했어요.

ex A: 아버님께서 갑자기 쓰러지셨다면서요? 좀 어떠세요?
B: 위험한 고비는 넘기셨어요. 늦지 않게 병원에 가셨기에 망정이지 하마터면 큰일 날 뻔했어요.

ex A: 어제가 수진 씨 생일이었다면서요? 저는 생일인지 몰라서 생일 축하한다는 말 한마디 못했어요.
B: 저도 다행히 친구들이 이야기해 줬기에 망정이지 수진 씨 생일을 까맣게 잊어버리고 있었다니까요.

ex A: 돌잔치에 온 손님들이 예상보다 훨씬 많았는데 음식이 모자라지 않았어요?
B: 다행히 모자라지는 않았어요. 혹시 몰라서 넉넉하게 준비했기에 망정이지 안 그랬더라면 모자랐을 거예요.

ex A: 영민 씨, 교통사고가 크게 났었다면서요? 크게 다치지는 않으셨어요?
B: 찰과상만 약간 입었어요. 마침 천천히 달리고 있었기에 망정이지 속도를 좀 냈더라면 부상을 크게 당했을지도 몰라요.

Focus Plus

- The clause following –기(에) 망정이지 often contains subjunctive expressions such as –았/었을 거예요 or –(으)ㄹ 뻔했어요.

  ex A: 요코 씨가 내일 갑자기 일본으로 돌아가게 됐다고 하던데 작별 인사는 했어요?
  B: 네, 아까 우연히 만났어요. 그랬기에 망정이지 못 만났더라면 인사도 제대로 못하고 헤어졌을 거예요.

  ex A: 오늘 아침에 바닷가에서 수영하다가 파도에 휩쓸려 갔었다면서? 좀 괜찮아?
  B: 괜찮아. 안전 요원이 나를 구해 줬기에 망정이지 하마터면 죽을 뻔했어.

- –기(에) 망정이지 can be used alternately with –(으)니까 망정이지 or –아/어서 망정이지.

  ex A: 누가 불씨가 남아 있는 담배꽁초를 화단에 버렸는지 연기가 나더라고요.
  B: 정말요? 정미 씨가 빨리 발견했으니까 망정이지 하마터면 큰일 날 뻔했네요.

  ex 기차표를 서둘러 예매해서 망정이지 조금이라도 늦었다면 고향에 못 갈 뻔했다.

Answers

① A: 여자 친구와 같이 식사를 했는데 식사 값이 모자랐다면서요? 창피를 당하지는 않았어요?
B: 네. 마침 새로 신청한 신용카드가 있었기에 망정이지 하마터면 비싼 식당에서 창피를 당할 뻔했어요.

② A: 오늘 평소보다 늦게 집을 나섰다면서요? 회의에 늦지 않았어요?
B: 네. 때마침 빈 택시가 왔기에 망정이지 하마터면 회의에 참석하지 못할 뻔했어요.

③ A: 이사철이라 이삿짐센터에 예약하기가 힘들었다면서요?
B: 네. 한 달 전에 예약해 두었기에 망정이지 안 그랬으면 제날짜에 이사를 못 갈 뻔했어요.

④ A: 눈길이 미끄러워서 넘어졌다면서요? 어디 다친 데는 없어요?
B: 네. 다행히 옆에 있던 친구가 마침 나를 잡아 주었기에 망정이지 안 그랬으면 엉덩방아를 찧을 뻔했어요.

Grammar Focus

-(으)려고 들다 indicates that the subject sets out to do something so aggressively that such behavior seems excessive. It is attached to a verb and used in the form of -(으)려고 들면, -(으)려고 드니까, -(으)려고 들어서, or -(으)려고 들다가는.

Basic form	-(으)려고 들다	Basic form	-(으)려고 들다
쉬다	쉬려고 들다	만들다	만들려고 들다
읽다	읽으려고 들다	줍다	주우려고 들다
듣다	들으려고 들다	고르다	고르려고 들다

ex A: 우리 아이는 공부는 하지 않고 놀기만 하려고 들어서 걱정이에요.
B: 우리 애들도 그래요. 공부는커녕 책상 앞에 앉아 있는 것도 힘들어 하네요.

ex A: 김 교수님, 도서관에서 무슨 책을 그렇게 많이 빌리셨어요?
B: 학생들에게 소개 좀 해 주려고요. 요즘 학생들이 책은 안 읽고 인터넷만 하려고 드니 좋은 책을 통 모르는 것 같아서요.

ex A: 수진 씨, 어제 약속 장소에서 많이 기다렸죠? 회사에 일이 너무 많았어요. 그리고 휴대 전화도 회사에 두고 오고…….
B: 민호 씨, 일단 사과부터 해야 하는 게 아니에요? 사과는커녕 변명만 하려고 들면 어떻게 해요?

ex A: 제 컴퓨터가 바이러스에 걸렸는데 혹시 누가 제 컴퓨터 썼어요?
B: 티엔 씨, 누가 잘못했는지 따지려고 들지 말고 어떻게 해야 되는지부터 알아보는 게 좋을 것 같네요.

ex A: 선생님, 이 부분은 아무리 외우려고 해도 잘 안 외워져요.
B: 무조건 외우려 들지 말고 뜻을 먼저 이해하려고 노력해 보세요.

ex A: 우리 남편은 술을 너무 많이 마셔서 고민이에요.
B: 저희도 그래요. 친구만 만나면 술을 마시려고 들어서 큰일이에요.

ex A: 사장님, 우리 회사 물건을 사고 싶다던 업체 있잖아요. 그 업체와 거래가 잘 될까요?
B: 글쎄요. 그쪽에서 계속 가격을 낮추려고만 드니 아무래도 거래는 성사되기가 어렵겠어요.

ex A: 아까 수진 씨와 같이 가방 사러 간다고 했지요? 예쁜 걸로 잘 샀어요?
B: 아니요, 못 샀어요. 수진 씨가 값을 무조건 깎으려고 드니까 주인이 안 판다고 하더라고요.

ex A: 아니, 개를 왜 묶어 놓았어요?
B: 낯선 사람만 보면 물려고 들어서요.

Focus Plus

- –고 is often omitted from –(으)려고 들다 and used in the form of –(으)려 들다 as seen in expressions such as 숨기려 들다, 배우려 들다, and 알려 들다.

ex A: 열여섯 살 된 딸애가 학교생활이나 친구 문제를 자꾸 숨기려 드네요.
B: 사춘기잖아요. 그 나이엔 부모에게 말하고 싶지 않은 게 많은 법이에요.

ex A: 우리 부서 김민수 씨는 사람은 똑똑한 것 같은데 일을 통 배우려 하지 않죠?
B: 그러게요. 일을 배우려 들면 어느 누구보다 잘할 텐데 말이에요.

- –(으)려고 들다 is similar in form and meaning to –(으)려고 하다 (See 『이화 한국어 1-2』 Chapter 11, p.72), which indicates the subject's plans or intentions. However, –(으)려고 들다 has a stronger feel because the subject's behavior seems excessive, so the following clause often contains expression of worry, anxiety, or a negative result.

ex A: 수진 씨, 무슨 야채를 그렇게 많이 사요?
B: 제 동생 주려고요. 동생이 식사 때마다 야채는 안 먹고 고기만 <u>먹으려고 들거든요</u>.
(=먹으려고 하거든요)

ex A: 아이 둘을 키우신다고 들었는데 큰애와 작은애는 서로 사이좋게 노는 편이죠?
B: 그냥 그래요. 동생이 자꾸 형이 가지고 노는 장난감을 <u>빼앗으려 드는 바람에</u> 자주 싸워요.
(=빼앗으려 하는 바람에)

Answers

① A: 마이클 씨는 새로운 업무를 빨리 익히는 것 같지요?
B: 네. 마이클 씨는 무슨 일이든 열심히 배우려고 드니까 새로운 업무를 빨리 익힐 수밖에 없지요.

② A: 요즘 기부 문화가 활성화되지 않는 것 같지요?
B: 네. 모두가 자기 잇속만 채우려고 드니까 기부 문화가 활성화될 수 없지요.

③ A: 케이코 씨와는 거리감이 좀 느껴지지요?
B: 네. 케이코 씨가 자신의 이야기를 자꾸 숨기려고 드니까 거리감이 느껴질 수밖에 없지요.

④ A: 과장님이 김 대리를 좋아하지 않는 것 같지요?
B: 네. 김 대리가 업무 시간에 일은 안 하고 농담만 하려고 드니까 과장님이 그러실 수밖에 없지요.

Vocabulary & Expression

여름을 나다 | **to pass the summer**

This expression means to pass the summer. 나다 is generally used in reference to a period of time that is difficult to bear such as 겨울을 나다 or 힘들게 3년을 나다, mostly in the form of N을/를 나다.

ex A: 뉴스에서 이번 여름은 유난히 더울 거라고 하네요.
B: 작년 여름도 더웠는데 올여름도요? 올여름을 어떻게 나야 할지 벌써부터 걱정이 되네요.

빈자리를 메우다 | **to fill an empty place**

메우다 means to fill or block a hole or empty space, and 빈자리를 메우다 means to fill an empty place. It is used in the form of N을/를 메우다 as seen in the expressions 시간을 메우다 or 공백을 메우다.

ex A: 이번에 가수 김진영 씨가 새 앨범을 냈다면서요?
B: 네, 5년간의 공백을 메우고 드디어 이번에 새 앨범을 발표했다고 하네요.

과학적 원리가 숨어 있다 | **to be based on a hidden scientific principle**

원리 means the basic principle behind something. 과학적 원리가 숨어 있다 indicates that something is based on a hidden scientific principle.

ex A: 교수님, 한옥은 여름에 시원한가요?
B: 물론이지요. 한옥에는 시원하게 여름을 날 수 있는 다양한 과학적 원리가 숨어 있습니다.

Listening Guide

This is a part of a lecture on the method of cooling in a traditional Korean house (*hanok*). Listen carefully to gain an understanding of the distinctive features of hanok such as the wood-floored hall, windows and doors that shut out direct sunlight, latches, and how Koreans of the past used the principle of air circulation to keep the house cool.

(☞『이화 한국어 6』 Track 59)

Answers

(1) ① 앞마당과 뒷마당의 온도 차이로 바람이 발생한다는 점을 지적했으나 건축 재료에 따른 실내 온도 차이를 설명하지는 않았다.

(2) ④ 뜨거워진 마당의 공기가 위로 올라가고 그 빈자리에 온도가 낮은 집 뒤쪽으로부터 바람이 불게 된다고 했다.

(3) ③ 한옥의 창과 문을 일직선으로 배치한 것은 바람이 통하는 길을 만들기 위해서이다.

Grammar Focus

-(으)ㄴ/는 마당에 means that a certain situation or circumstances are unfolding in the preceding clause. It is generally used to emphasize the inevitability of the speaker's thoughts or actions in the following clause due to the negative situation in the preceding clause. It takes the form of -(으)ㄴ 마당에 when attached to an adjective, -(으)ㄴ/는 마당에 when attached to a verb, and 인 마당에 when attached to a noun.

Basic form	-(으)ㄴ 마당에	-는 마당에
바쁘다	바쁜 마당에	×
떠나다	떠난 마당에	떠나는 마당에

ex A: 아니, 어쩌다가 친하지도 않은 영민 씨한테서 돈을 다 빌렸어요?
B: 집주인이 내일까지 전세금을 올려 달라고 해서요. 급한 마당에 이것저것 가릴 처지가 아니었어요.

ex A: 이번 계약은 처음부터 우리 회사가 손해를 보게끔 되어 있었던 것 같아요.
B: 이미 계약도 취소하고 일도 다 끝난 마당에 그런 말을 하면 뭐하겠어요?

Focus Plus

- As -(으)ㄴ/는 마당에 means that a certain situation is unfolding in the preceding clause, it is similar to -(으)ㄴ/는 가운데 (See 『이화 한국어 6』 Chapter 4, p.74). However, -(으)ㄴ/는 마당에 is used when the speaker's thoughts are strongly expressed in the following clause, while -(으)ㄴ/는 가운데 is often used when objectively conveying information such as in the news, a debate, or an event.

ex A: 여보, 우리 이번 휴가에 해외여행 가는 거 어때요?
B: 뭐라고요? 환율이 오르는 마당에 해외여행을 가겠다니요? 지금 제정신이에요?

ex A: 최근 해외여행을 망설이는 사람들이 늘고 있다고 합니다. 김미진 기자가 보도합니다.
B: 최근 환율이 오르는 가운데 해외여행을 망설이는 사람들이 늘고 있습니다.

Answers

① A: 범인이 잡혔는데 자기는 모르는 일이라면서 끝까지 발뺌하고 있대요.
B: 살인 사건의 모든 증거가 발견된 마당에 끝까지 발뺌하다니 정말 어처구니가 없네요.

② A: 대형 백화점에서 냉방을 지나치게 한다는군요.
B: 대대적으로 에너지 절약 캠페인을 벌이는 마당에 냉방을 지나치게 하다니 정말 문제네요.

③ A: 노사가 회사 발전을 위해 총력을 기울여야 하는데 그렇지 않고 있대요.
B: 회사 형편도 이렇게 좋지 않은 마당에 노사가 함께 노력하지 않다니 문제네요.

④ A: 멀쩡한 길을 다시 포장하느라 세금이 낭비되고 있대요.
B: 국가 예산도 충분하지 않은 마당에 불필요한 일로 세금을 낭비하다니 한심하군요.

Vocabulary & Expression

열기를 머금다 | **to be filled with excitement/enthusiasm**

머금다 means to be filled with or steeped in a certain energy or atmosphere. 열기를 머금다 means to be filled with fever, that is, excitement or enthusiasm. It is used in the form of N을/를 머금다, as seen in the expressions 소금기를 머금다 or 어둠을 머금다.

ex A: 지금 대학가에서는 봄 축제가 한창이라고 합니다. 이소라 기자가 보도합니다.
B: 네. 봄을 맞아 각 대학마다 젊음의 열기를 머금은 축제가 한창 열리고 있습니다.

ex 영광굴비는 소금기를 머금고 있는 바닷바람의 영향으로 맛있게 건조된다.

좌식 생활에 머물다 | **to maintain a way of life based on sitting and sleeping on the floor**

머물다 is the shortened form of 머무르다 and means to stop mid-way or stay somewhere momentarily. 좌식 생활에 머물다 means that the way of life is still based on sitting and sleeping on the floor as in the past.

ex A: 선생님, 한국인들은 온돌을 사용하니까 지금도 좌식 생활에 머물고 있지요?
B: 꼭 그렇지는 않아요. 침대나 식탁 같은 입식 가구를 사용하는 가정도 많으니까요.

ex A: 마이클 씨가 계속 안 보이는데 어디 갔어요?
B: 네. 당분간 고향에 머물 거라고 하던데요.

절대 금물이다 | **to be absolutely forbidden**

금물 means something that is forbidden. 절대 금물이다 is used to emphasize that something absolutely should not be done.

ex A: 선생님, 우리 아이가 수술한 후부터 계속 매운 음식이 먹고 싶다고 하는데 좀 만들어 줘도 될까요?
B: 그건 안 됩니다. 수술한 환자에게 맵고 짠 음식은 절대 금물입니다.

ex 투자에 있어서 지나친 욕심은 절대 금물이다.

문지방을 넘다 | **to cross the threshold**

문지방 is also called 문턱 and refers to the doorsill at the bottom of a doorway, or the threshold. 문지방을 넘다 refers to opening the door and entering or leaving the room.

ex A: 우리 집은 명절마다 가족 모두가 함께 모여 음식을 만들어 먹는데 민호 씨네 집도 그래요?
B: 우리 집은 안 그래요. 아버지께서 매우 보수적이셔서 남자는 절대 부엌 문지방을 넘으면 안 된다고 하시거든요.

취사 열기를 이용한 난방	heating that makes use of heat from cooking

취사 means the cooking of food, and 취사 열기를 이용한 난방 means to make use of the heat generated from cooking to heat the surrounding area.

ex A: 교수님, 한옥에서의 난방은 부엌에서 나오는 열을 이용하기 때문에 에너지를 아낄 수 있다고 하던데 정말 그런가요?
B: 네, 그렇습니다. 한옥은 취사 열기를 이용해 난방을 하기 때문에 버려지는 열기가 없으므로 에너지 효율이 높은 편이라고 할 수 있습니다.

온돌은 한국의 주거 문화 깊숙이(에) 스며 있다	The *ondol* heating system is an integral part of the Korean housing culture

스며 있다 means to be gradually permeated or penetrated with something. 온돌은 한국의 주거 문화 깊숙이(에) 스며 있다 means that the ondol underfloor heating system has naturally become a part of the Korean housing culture. 스며 있다 is used in the form of N에 N이/가 스며 있다, as seen in expressions such as 문화재에 역사가 스며 있다 or 노래에 한이 스며 있다.

ex A: 선생님, 박물관에 가면 문화재가 많잖아요? 어떻게 감상하는 것이 좋을까요?
B: 문화재에는 조상의 역사가 스며 있는 만큼 눈으로만 보려 하지 말고 역사를 생각하며 감상하는 것이 좋습니다.

ex 조선 시대 민요에는 옛날 사람들의 한이 스며 있다.

Reading Guide

This is a serial article published in a magazine. The first article in the series exploring the cultural heritage that has shaped Korean culture explains in detail the characteristics of Korean housing that are reflected in ondol. Read the article to find out what influence ondol has had on the Korean people's food, clothing, and housing as well as on the arts and leisure activities. (☞ 『이화 한국어 6』 p.172)

Answers

(1) ④ 온돌이라는 난방법에서 비롯된 한국 문화의 근본적 원리를 주생활, 식생활, 의생활, 놀이와 예술 등 여러 영역으로 나누어 설명하고 있다.

(2) ② 셋째 문단에서 온돌방의 실내가 사용 목적과 용도에 따라 침실, 식당, 거실, 서재 등의 기능을 가지고 있었음을 설명하고 있다.

(3) 교재 정답 208쪽 참고

Vocabulary Expansion

눈을 붙이다 **to take a nap**

This expression means to take a short nap when one is very busy and has no time to sleep properly.

ex A: 어머니 병간호를 하느라 며칠째 잠을 못 잤더니 너무 피곤하네요.
B: 그럼 이 일은 제가 처리할 테니 휴게실에 가서 잠깐 눈을 좀 붙이세요.

뜬눈으로 밤을 지새우다 **to stay awake all night**

뜬눈 means eyes that have not had any sleep all night. 뜬눈으로 밤을 지새우다 means to stay awake all night.

ex A: 이치로 씨, 눈이 빨갛게 충혈됐어요. 어젯밤에 잠을 제대로 못 잤어요?
B: 네. 회사 이직 문제로 고민하느라 뜬눈으로 밤을 지새웠거든요.

새우잠을 자다 **to sleep uncomfortably**

새우잠 means sleep in a position like a prawn and indicates sleep in an uncomfortable position or circumstances.

ex A: 마이클 씨, 왜 그렇게 피곤해 보여요?
B: 어제 친구들이 우리 집에 와서 잤거든요. 일곱 명이 좁은 방에서 자느라 새우잠을 잤더니 영 피곤하네요.

잠이 달아나다 **to suddenly feel wide awake**

달아나다 means that one's will to do something or a certain feeling disappears. 잠이 달아나다 means that one's desire for sleep disappears.

ex A: 민수 씨, 계속 조는 걸 보니 많이 피곤한가 보네요. 그런데 방금 사장님께서 어제 보고한 서류를 다시 작성하라고 하셨어요.
B: 정말요? 다시 작성하려면 일주일이나 걸릴 텐데 잠이 싹 달아나네요.

졸음이 쏟아지다 **to be drowsy**

This expression refers to the feeling or state of nearly falling asleep.

ex A: 아까부터 커피를 계속 마시는군요. 도대체 몇 잔째 마시는 거예요?
B: 서류 제출 마감 시간까지 한 시간밖에 안 남아서 빨리 마무리해야 하는데 졸음이 쏟아져서요.

Four-Character Sayings

가가호호

가가호호 means each and every house. These days **집집마다** is often used in place of 가가호호.

ex 추석이 되면 가가호호 송편을 빚고 차례 음식을 만드느라 주부들의 손길이 바빠진다.

사면초가

사면초가 means a difficult, beleaguered state where one cannot receive help from someone else. It is used in the form of **사면초가에 빠지다** or **사면초가에 처하다**.

ex A: A전자에서 만든 가전제품의 판매량이 많이 줄었다면서요?
B: 그렇다네요. 내수가 부진한 데다가 환율 급등으로 수출 길까지 막히면서 사면초가에 빠진 모양이더라고요.

사상누각

사상누각 is a figurative expression for something that has no solid foundation like a house built on sand, and therefore is not strong and cannot last long. It is generally used in the form of **사상누각이다**, **사상누각이 되다**, or **사상누각에 불과하다**.

ex 아무리 좋은 정책이라도 실효성이 없다면 사상누각에 불과하다.

동고동락

동고동락 means to always be together in times of joy and sorrow. It is generally used in the form of **동고동락하다**.

ex A: 김민수 사장님, 10년 만에 회사를 크게 일구셨는데 특별한 비결이 있습니까?
B: 특별한 비결은 없습니다. 다만 어렵고 힘든 일이 있을 때 함께 고생하며 동고동락한 직원들 덕분에 우리 회사가 커질 수 있었던 거라고 봅니다.

배산임수

배산임수 means that a piece of land that has mountains behind and water in front, which is an auspicious site in terms of geomancy (or *fengshui*). It is generally used in the form of **배산임수의**.

ex 한국에서는 예로부터 뒤에는 산, 앞에는 물을 둔 배산임수의 남향집을 살기 좋은 집으로 꼽았다.

사방팔방

사방팔방 means all sides and all directions. It is generally used in the form of **사방팔방으로** or **사방팔방에서**.

ex 박민호는 맛있는 음식을 사방팔방으로 찾아다니다가 자연스럽게 음식 전문 기자가 되었다.

Vocabulary Check

Part 1 준비합시다 01

- 하마터면 almost, nearly
- 철봉 horizontal bar
- 엉덩방아 falling on one's bottom

Part 1 준비합시다 2

- 남향 southern orientation
- 잇속 profit, self-interest

Part 1 들어 봅시다

- 대청 wood-floored hall
- 처마 eaves
- 걸터앉다 to sit on the edge
- 통로 passage, hallway
- 시절 days, time
- 식히다 to cool
- 잔디 grass, lawn
- 금세 soon, at once
- 상대적 comparative, relative
- 뚫리다 to be pierced
- 통풍 ventilation
- 정교하다 to be delicate, to be elaborate
- 일직선 straight line
- 배치되다 to be arranged, to be placed
- 조절되다 to be adjusted
- 장치 device
- 매달다 to hang up
- 기둥 column, pillar
- 너머 over, beyond
- 걸쇠 latch
- 냉방장치 cooling device
- 의존하다 to depend on, to rely on

Part 1 말해 봅시다

- 냉기 cool air, cold
- 배열 arrangement
- 짚 straw
- 방수 waterproofing
- 안채 main bedroom, room used by the lady of the house
- 사랑채 room used by the master of the house
- 행랑채 servants' quarters
- 사당 shrine
- 미약하다 to be feeble, to be weak
- 추후 later, afterwards

Part 2 준비합시다 01

- 대대적 extensive, large-scale
- 노사 labor and management
- 총력 all one's energy
- 포장하다 to pave

Part 2 읽어 봅시다

- 좌식 designed for sitting and sleeping on the floor
- 입식 designed for use of chairs and beds
- 생활 양식 way of life
- 연재 serial publication
- 아궁이 furnace
- 넓적하다 to be wide and flat
- 밀착 close adhesion, sticking close to
- 문지방 threshold, doorsill
- 품 width, size

Part 2 써 봅시다

- 긴밀하다　to be closely related to
- 밀도　density

Part 3 과제 활동

- 서원　private Confucian academy
- 수용하다　to accommodate
- 다듬다　to trim, to tidy up
- 가공하다　to process
- 외형　external appearance

Part 3 어휘 확장

- 휴게소　rest stop, rest area

Part 3 사자성어

- 부녀회　women's association
- 지지　support
- 솔깃하다　to be interested
- 원자재　raw materials

Topic Vocabulary

Housing

- 다세대주택　multi-family housing
- 단독주택　house, free standing house
- 새집에 입주하다　to move into a new house
- 설계도를 그리다　to draw a plan, to make a blueprint
- 아파트를 분양받다　to win the ownership of an apartment from the drawing
- 아파트를 소유하다　to own an apartment
- 재건축하다　to reconstruct
- 전원주택에 살다　to live in the country
- 주상복합아파트　mixed commercial-residential building
- 주택을 매매하다　to sell a house
- 주택을 설계하다　to design a house
- 주택을 임대하다　to lease a house
- 집을 허물다　to demolish a house

PART1 준비합시다 01 • –건 –건

p.182

Grammar Focus

–건 –건 is a way of listing a variety of situations, states, or actions. It indicates that no matter which situation arises or is chosen, of the situations in the preceding clause, it has no effect on the content of the following clause. The situations listed are sometimes contrasting and sometimes similar. It is attached to an adjective or a verb, and when attached to a noun it takes the form of (이)건 (이)건.

Basic form	–건 –건	Noun	(이)건 (이)건
바쁘다 / 한가하다	바쁘건 한가하건	기차 / 버스	기차건 버스건
뛰다 / 걷다	뛰건 걷건	밥 / 빵	밥이건 빵이건

ex A: 오늘은 너무 바빠서 운동을 하루 쉴까 해.
B: 운동은 바쁘건 한가하건 꾸준히 해야 좋지. 바빠도 가는 게 어때?

ex A: 여러분, 매장에서 고객을 응대할 때 가장 중요한 점은 무엇이라고 생각합니까?
B: 기분이 좋건 나쁘건 항상 밝은 미소로 대하는 게 중요하다고 생각합니다.

ex A: 선생님, 이인삼각 경기에서 꼭 지켜야 할 규칙이 있나요?
B: 뛰건 걷건 두 사람이 반드시 손을 잡고 결승점에 들어오셔야 돼요.

ex A: 얘, 방학한 지 2주나 지났는데 계속 집에서 게임만 하고 있을 거니? 친구를 만나건 영화를 보건 나가서 바람도 좀 쐬고 와.
B: 날씨가 너무 추워서 나가기 싫어요.

ex A: 마이클 씨, 그거 무슨 카드예요?
B: 이거 교통카드인데 버스건 기차건 이 카드 하나로 다 이용할 수 있어요.

ex A: 이번에 학교에서 바자회를 하잖아요. 어떤 물건을 내놓는 게 좋을까요?
B: 옷이건 책이건 다른 사람에게 필요할 만한 물건을 기부하면 돼요.

Focus Plus

- –건 –건 is a shortened form of –거나 –거나. Therefore, it can also be used in the form of –거나 –거나.

  ex 구내식당은 맛이 있건 없건 일단 가격이 비싸지 않아야 한다.
  (=맛이 있거나 없거나)

- –건 –건 is used with words such as 누구, 언제, 무엇, 어디, 어떻게, or 어떤 and indicates that it makes no difference whatever choice is made.

  ex A: 마리 씨 남편은 평소에 간섭을 많이 하는 편이에요?
  B: 아니요. 제가 뭘 하건 누굴 만나건 크게 신경 쓰지 않는 편이에요.

  ex A: 선생님, 토론을 잘하려면 어떻게 해야 할까요?
  B: 논제에 대해 어떤 입장을 취하건 상대방이 수긍할 만한 타당한 근거를 드는 것이 중요해요.

- The meaning is made clearer by adding 간에 or 상관없이 after –건 –건.

ex 유키 씨는 공부할 때 옆에서 시끄럽게 굴건 귀찮게 하건 상관없이 집중을 잘하는 편이다.

- –건 –건 can be used with negative adverbs such as 안 or 못, or with negative expressions such as –건 –말건 to emphasize opposing situations.

ex A: 영민아, 이번 주에 출장가야 해서 이번 동창회에도 참석 못 할 것 같아.
B: 그래? 자주 못 봐서 아쉽네. 그런데 오건 못 오건 우리 서로 종종 연락하고 지내자.

ex A: 민수야, 방 좀 치울래? 혼자 쓰는 방이면 치우건 말건 상관없지만 여긴 같이 사용하는 방이잖아.
B: 미안, 바로 치울게. 내가 정신이 없다 보니까 너무 어질렀네.

- –건 –건 and –든지 –든지 (See 『이화 한국어 5』 Chapter 2, p.44) can be used alternately with few exceptions.

ex A: 오늘 점심 때 한식을 먹을까, 양식을 먹을까?
B: <u>한식을 먹건 양식을 먹건</u> 가까운 곳에서 먹자. 점심시간이 30분밖에 안 남았어.
(=한식을 먹든지 양식을 먹든지)

Answers

① A: 과장님, 저희 회사에서는 출장 갈 때는 고속버스만 타야 한다고 들었는데 사실인가요?
B: 아니요. 기차를 타건 고속버스를 타건 아무 상관없습니다. 더 편한 것으로 타시면 됩니다.

② A: 과장님, 저희 회사에서는 구내식당에서만 식사해야 한다고 들었는데 사실인가요?
B: 아니요. 구내식당에서 식사를 하건 근처 식당에서 식사를 하건 전혀 상관없습니다. 드시고 싶은 곳에서 드세요.

③ A: 과장님, 저희 회사는 본사에서 일해야 연봉이 가장 높다고 들었는데 사실인가요?
B: 아니요. 본사에서 일하건 국내 다른 지점의 지사에서 일하건 아무 상관없습니다. 연봉은 실적에 따라 달라집니다.

④ A: 과장님, 영업부 직원만 해외 연수를 신청할 수 있다고 들었는데 사실인가요?
B: 아니요. 영업부 직원이건 총무부 직원이건 상관없습니다. 그러니까 해외 연수에 관심이 있으면 신청해 보세요.

Grammar Focus

-ㄴ/는다손 치더라도 is used to indicate that even if the content of the preceding clause is acknowledged or assumed, it has no effect or relationship with the situation in the following clause. It is attached to an adjective or a verb, and when attached to a noun it takes the form of (이)라손 치더라도.

Basic form	-ㄴ/는다손 치더라도	-았/었다손 치더라도
예쁘다	예쁘다손 치더라도	예뻤다손 치더라도
팔다	판다손 치더라도	팔았다손 치더라도

ex A: 학교 앞에 새로 개업한 식당이 맛있다는 소문이 나서 사람들이 몇 시간씩 줄을 서서 기다린대요.
B: 아무리 음식이 맛있다손 치더라도 몇 시간을 기다리면서까지 먹을 정도일까요?

ex A: 컴퓨터가 고장 나는 바람에 오늘까지 제출해야 하는 자료가 다 날아가 버렸어요. 어떻게 하지요?
B: 설령 지금부터 다시 쓴다손 치더라도 수업 전까지 다시 쓰는 건 힘들 것 같은데요. 차라리 교수님께 사정을 얘기하는 게 어떨까요?

ex A: 흐엉, 늦어서 미안해. 어제 시험공부를 하다 새벽에 잠이 들었어.
B: 아무리 늦게까지 공부했다손 치더라도 1시간이나 늦으면 어떡해? 걱정했잖아.

ex A: 저 배우는 얼마 전에 음주 운전으로 물의를 빚은 배우 아니에요?
B: 네, 맞아요. 아무리 인기 있는 배우라손 치더라도 저렇게 바로 텔레비전에 출연하는 건 좋아 보이지 않네요.

Focus Plus

- -ㄴ/는다손 치더라도 can also be used with 설사 or 설령, in which case the meaning of the sentence is generally negative.

ex A: 어제 입사 면접 때 내가 너무 긴장해서 대답을 잘 못했는데 떨어졌겠지?
B: 일단 결과를 기다려 봐. 그리고 설령 면접시험에서 떨어진다손 치더라도 너무 실망하지 마.

Answers

① A: 늦었지만 지금이라도 입사원서를 빠른우편으로 보낼까 해요. 그럼 내일 도착하잖아요.
B: 입사원서를 빠른우편으로 보낸다손 치더라도 원서 마감 시간 전까지 도착하기는 어려울 것 같은데요.

② A: 시험공부를 해야 하니까 전공 서적을 많이 빌릴까 해요.
B: 전공 서적을 아무리 많이 빌린다손 치더라도 그것을 단시간에 다 읽고 이해하기란 쉽지 않을 것 같은데요.

③ A: 절판된 책을 구하려고 헌책방을 모두 찾아다닐까 해요. 정말 갖고 싶은 책이거든요.
B: 헌책방을 모두 찾아다닌다손 치더라도 더 이상 출판되지 않는 책을 구하기는 쉽지 않을 것 같아요.

Vocabulary & Expression

상상력을 기반으로 만들다	to use one's imagination to make something

This expression means to make something based on one's imagination. Similar expressions include 상상력을 토대로 구성하다 or 상상력이 기반이 되다.

ex A: 작가님, 이번 작품들은 어디에서 영감을 얻으셨나요?
B: 이번 작품들은 자연에서 영감을 얻거나 일부분은 상상력을 기반으로 만들었습니다.

내용을 비틀다	to twist the content

비틀다 in this context means that a person's behavior or speech departs from the fact or a set standard. Therefore, 내용을 비틀다 means to depart from or run counter to the original content. It is generally used in the form of N을/를 비틀다 with nouns such as 생각, 원작, or 현실.

ex '21세기 춘향전'은 원작의 내용을 비틀고 풍자적 요소를 더하여 인기를 끌었다.

함께 어우러지다	to get on well together

This expression means that a number of people or things are in harmony or get on well together. Aside from 함께, adverbs such as 서로 or 모두 are also used with 어우러지다.

ex 사물놀이는 전통 악기 네 개가 함께 어우러져 신명나는 소리를 낸다.

Listening Guide

This is a discussion of cultural contents. Listen to the definition of cultural contents and what value they have in economic terms. Also, listen carefully to find out which contents are most exported and what is needed to achieve sustained growth in the cultural contents industry. (☞『이화 한국어 6』 Track 66)

Answers

(1) ② 이 대담에서는 문화 콘텐츠의 정의와 인기 이유, 성공 조건을 언급했다. 문화 콘텐츠가 수출된다고 했지만 수출 정책에 대해서는 말하지 않았다.

(2) ④ 해외로 가장 많이 수출되는 문화 콘텐츠는 게임이라고 했다. 또한 문화 콘텐츠는 예술성과 창의력, 상상력이 기반이 되어야 한다고 했으며 최근 5년간 수출이 두 배 증가했다고 했다.

(3) 음식과 공연이 무대에서 함께 어우러지면서 관객의 상상을 뛰어 넘었기 때문에 인기를 끌게 되었다.

(4) ③ 대담의 마지막 부분에서 여자는 문화 콘텐츠는 상상력을 기반으로 하되 참신하며 감동을 줄 수 있어야 한다고 말하고 있다.

 p.188

Grammar Focus

-(으)ㄴ/는/(으)ㄹ 바 refers exactly to the content or circumstances mentioned before it. 바 is used to mean 'thing' or 'circumstances', or 'way/method.' It is attached to a verb and takes the form of -(으)ㄴ 바 in the past tense, -는 바 in the present tense, and -(으)ㄹ 바 in the future tense.

Basic form	-(으)ㄴ 바	-는 바	-(으)ㄹ 바
생각하다	생각한 바	생각하는 바	생각할 바
맡다	맡은 바	맡는 바	맡을 바

ex A: 여러분, 생활 속에서 환경 오염을 줄이려면 어떻게 해야 할까요? 각자 생각하는 바를 말해 보세요.
B: 음식을 먹을 만큼만 만들어서 음식물 쓰레기를 줄이는 게 좋을 것 같습니다.

ex A: 예술가들은 어쩌면 저렇게 자신들이 느끼는 바를 음악이나 그림, 몸짓으로 잘 표현해 낼 수 있을까요?
B: 정말 대단하지요? 저는 표현력과 창의력이 부족해서 그런지 예술가들을 보면 너무 부러워요.

ex A: 유쾌한 내용의 연극 '행복한 가족'이 인기가 많습니다. 감독님은 이 연극이 인기를 끄는 이유가 뭐라고 생각하십니까?
B: 말씀하신 바와 같이 '행복한 가족'은 보는 내내 매우 즐겁습니다. 일상에 지친 현대인들이 이 연극을 보면서 스트레스를 풀 수 있기 때문이 아닐까 생각합니다.

ex A: 시장님, 이번 선거에서 압승을 하셨는데요. 한말씀 해 주십시오.
B: 네. 많은 시민께서 지지해 주신 만큼 임기 동안 맡은 바에 최선을 다하겠습니다.

ex A: 김 대리, 이번 봄 정기 인사 발령에 대해 혹시 아는 거 있어요?
B: 아니요. 저는 아직까지 들은 바가 없습니다.

ex A: 어휴, 정신없어. 여기가 운동장도 아닌데 아이가 저렇게 시끄럽게 뛰어다녀도 엄마가 그냥 놓아 두네요.
B: 그러게요. 남의 자식 교육에 관여할 바는 아니지만 그래도 공공장소에서는 공공 예절을 지킬 수 있게 가르쳐야 하는 게 아닐까요?

Focus Plus

- -(으)ㄴ/는/(으)ㄹ 바 is often followed by 에 따르면, 에 의하면, 로는, or 와/과 같이.

ex A: 교수님, 고령화 사회의 기준이 무엇입니까?
B: 국제연합(UN)이 발표한 바에 따르면 65세 이상이 전체 인구의 7% 이상을 차지하면 고령화 사회라고 합니다.

ex A: 김 기자, 현재 강원도 지역의 폭설 피해는 어느 정도입니까?
B: 현장에서 보고된 바에 의하면 수십 가구가 고립된 상태라고 합니다.

- –(으)ㄹ 바 means the way of doing something. It is generally used in idiomatic expressions such as 어찌할 바를 모르다 or 몸 둘 바를 모르다.

ex A: 김 박사님, 아까 강연회에서 왜 그렇게 땀을 흘리셨어요?
B: 한 학생이 갑자기 엉뚱한 질문을 해서 당황했어요. 그 순간에는 저도 어찌할 바를 모르겠더라고요. 그래서 그랬던 것 같습니다.

ex A: 김지성 선수, 올해 프로 축구에서 최우수 선수로 뽑히셨는데요. 소감 좀 말씀해 주시지요.
B: 이렇게 큰 상을 주시고 격려해 주시니 몸 둘 바를 모르겠습니다. 앞으로 더 열심히 하겠습니다.

- Expressions such as 모르는 바이다, 다를 바 없다, or 아는 바 없다 are also often used.

ex A: 회장님, 이번 회사 주가 조작 사건에 대해 사전에 알고 계셨습니까?
B: 죄송합니다. 그 일에 대해서는 전혀 모르는 바입니다. 그러니 더 이상 묻지 마십시오.

ex A: 제이슨 씨, 이번 보고서의 내용은 글자 몇 개 바뀐 것 빼고 지난번 보고서와 다를 바가 없군요. 어떻게 된 겁니까?
B: 부장님, 죄송합니다. 조사해 보니 바뀐 게 몇 개 없어서 그것만 수정했습니다.

- –(으)ㄴ 바 is also used to indicate that one has had experience in doing a certain thing.

ex A: 김수진 씨, 대학교에서 공부 외에 어떤 활동을 했습니까?
B: 저는 대학교 4학년 때 학교 회장으로 일한 바가 있습니다.

- –는 바 is used in the form of –는 바이다 with a first-person subject and is used to clearly emphasize the speaker's argument.

ex A: 여러분, 저는 이 자리에서 학교에서 인성 교육을 강화해야 한다고 강력하게 주장하는 바입니다. 여러분도 동의하십니까?
B: 네, 동의합니다.

Answers

① 뉴스에서 사교육비에 대해 보도한 바에 따르면 소득에 따라 교육비 지출 차이가 큰 것으로 나타났다.
② 목격자가 경찰 조사에서 진술한 바에 따르면 사건은 그날 새벽 2시쯤 발생한 것으로 보인다.
③ 학교 측에서 학생의 날 행사 계획을 밝힌 바에 따르면 이번 행사에는 영화 상영과 단체 게임, 동아리 공연 등이 있다고 한다.
④ 한 연구 기관에서 청소년의 장래 희망에 대한 설문 조사를 분석한 바에 따르면 연예인이 되고 싶다는 응답이 1위를 차지했다.

Vocabulary & Expression

예측이 맞아떨어지다 | **to have something happen exactly as forecast**

맞아떨어지다 means a perfect match with a certain standard, neither too much nor too little. 예측이 맞아떨어지다 means that something happens exactly as forecast. It is used in the form of N이/가 맞아떨어지다 with nouns such as 계획, 계산, or 예상.

ex A: 정부가 예측한 대로 요즘 환율이 떨어지고 있네요.
B: 네. 가을부터 환율이 내릴 거라는 예측이 놀랍게도 딱 맞아떨어졌어요.

마음을 굳게 다지다 | **to brace oneself**

다지다 means to firmly compose one's mind or will, and 마음을 굳게 다지다 indicates to make a strong resolution in order not to change one's mind. It is used in the form of N을/를 다지다 with nouns such as 의지 or 결의.

ex A: 수진 씨, 어디 갔다 왔어요? 요즘 통 안 보여서 걱정했어요.
B: 이번에 중요한 시험에서 떨어진 게 너무 속상해서 기분전환도 하고 공부에 대한 마음도 굳게 다질 겸 여행 좀 다녀왔어요.

태도가 여리다 | **to have a gentle/soft manner**

여리다 means determination or emotion that is not intense or severe but soft and weak. 태도가 여리다 means that one's manner in dealing with other people is gentle rather than strong. Aside from 태도, 여리다 is often used with nouns such as 마음, 성격, 감정, or 속.

ex A: 김 대리 태도가 최근에 좀 달라진 것 같지 않아요?
B: 네. 그런 것 같아요. 고분고분한 편이 아니었는데 요즘은 사람을 대하는 태도가 좀 여려진 것 같아요.

머뭇머뭇 다가오다 | **to approach with hesitation**

머뭇머뭇 means to hesitate rather to be forthright when doing or saying something. Therefore, 머뭇머뭇 다가오다 means to approach or draw closer to other people with hesitation. 머뭇머뭇 is also often used with verbs such as 말하다, 행동하다, or 들어가다.

ex A: 수진아, 조금 전에 너와 이야기하던 사람 누구야?
B: 나도 모르는 사람인데 머뭇머뭇 다가오더니 혹시 잠깐 이야기할 수 있냐고 하더라고.

아무짝에도 쓸모없다	to be completely useless

아무짝 is a lower form of 아무 데. 아무짝에도 쓸모없다 means that something is of absolutely no help in anything. Similar expressions include 아무짝에 쓸데없다, 아무짝에도 소용없다, or 아무짝에도 필요 없다.

ex A: 티엔 씨, 그거 아직 쓸 만해 보이는데 버리려고요?
B: 네. 예전에 사용하던 컴퓨터인데 지금은 업그레이드도 안 되고 아무짝에도 쓸모가 없어서요.

부질없는 허영심	idle vanity

부질없다 means to be unimportant or useless, and 부질없는 허영심 means useless or idle vanity. 부질없다 is often used with words such as 마음, 일, or 욕심.

ex A: 지연 씨, 요즘은 명품도 잘 안 사고 돈도 아껴 쓰네요.
B: 네. 그동안 갖고 싶은 건 아무리 비싸도 다 샀는데 통장 잔고도 바닥이 났고 그런 물건을 갖고 싶은 마음도 부질없는 허영심 같아서요. 이제는 꼭 필요한 것만 사려고요.

ex A: 요즘 영어 유치원에서는 아이들에게 하루에 단어를 몇십 개씩이나 외우게 하고 매일 단어 시험을 본대요.
B: 아이들이 아직 어린데 너무 스트레스를 받겠네요. 부모의 부질없는 욕심이 아이들을 힘들게 하는 것 같아서 안타깝네요.

Reading Guide

This is an excerpt from 『아홉 살 인생』, a novel about growing up, written from the perspective of a nine-year-old boy as he perceives the world around him and talks about life. Read it carefully, focusing on what the child learns from the things he experiences and how he matures as a result. (☞『이화 한국어 6』 p.190)

Answers

(1) 토끼장(앞). 글의 첫 문장에서 공간적 배경으로 토끼장이 나오는 것을 확인할 수 있다.

(2) ④ 우림이가 '내가 죽으면'이라고 말하는 장면에서 병원에 입원해 있는 동안 죽음을 생각해 봤음을 알 수 있다. 또 우림이를 아주 오랜만에 만난다는 것으로부터 병문안을 간 적이 없다는 것을 알 수 있다.

(3) ① 우림이는 맹장이 아무짝에도 쓸모없다고 말하면서도 남들은 가지고 있는 것을 자신이 가지고 있지 못하다는 것에 부끄러워하고 슬퍼하고 있다. 이를 통해서 주인공은 쓸모없는 것조차 가지려고 하는 사람들의 허영심을 깨닫고 있다.

 p.196

Vocabulary Expansion

가슴이 미어지다 to have an aching heart

미어지다 means to be full of something to bursting point and figuratively expresses the idea that great pain or sadness is tearing at one's heart. 가슴이 미어지다 means that one's heart is so full of suffering or sadness that it is hard to bear.

ex 영화를 보면서 주인공의 어머니처럼 평생 고생만 하신 어머니를 생각하니 가슴이 미어졌다.

감명을 받다 to be moved, to be impressed

감명 means a great impression made on one's heart or mind, and 감명을 받다 means to be so greatly moved or impressed that the memory lingers in the mind.

ex 힘든 삶을 사는 사람들을 위해 일생을 헌신한 김수환 추기경의 일대기에 많은 사람들이 감명을 받았다.

심금을 울리다 to strike a chord, to touch one's heart

심금 refers to the mind or heart gradually moved by some external influence such as a moving piece of music or a touching story. Hence 심금을 울리다 means to strike a chord in people's hearts through such means.

ex 가을 밤 공연장을 가득 채운 가야금 소리가 관객들의 심금을 울렸다.

전율을 느끼다 to be greatly moved, to feel a thrill

전율 originally means trembling with fear and is a figurative expression for emotion so deep or an impression so strong that it makes the body tremble. Therefore, 전율을 느끼다 means to be so moved or thrilled that the whole body trembles.

ex A: 이 뮤지컬의 명장면은 누가 뭐래도 여주인공의 독창 부분인 것 같아요.
B: 맞아요. 저도 여주인공이 이별 장면에서 부르는 노래를 듣고 온몸에 전율을 느꼈어요.

코끝이 찡하다 to be filled with emotion

This expression means to be so moved that the heart is filled with emotion or the tip of the nose feels numb. 가슴이 찡하다 is a similar expression that is also often used.

ex A: 일 년 동안 가르치던 아이들을 졸업시키고 떠나보내려니까 섭섭한 마음이 크군요.
B: 그러게요. 저는 아이들이 노래를 불러 주는데 코끝이 찡했어요.

Four-Character Sayings

대서특필

대서특필 means writing something in big letters so that it can be read easily and is used to indicate that an article takes up a large amount of space in a newspaper or other publication. It is generally used in the form of **대서특필로** or **대서특필하다**.

ex 모든 언론들이 김성진 씨가 국제 피아노 콩쿠르에서 우승한 소식을 대서특필했다.

유언비어

유언비어 means a groundless rumour that has been widely spread. It is used in expressions such as **유언비어가 떠돌다**, **유언비어를 퍼뜨리다**, or **유언비어이다**.

ex 인터넷에 떠도는 유언비어 때문에 곤욕을 치르던 연예인들이 누리꾼을 상대로 소송을 거는 사례가 증가하고 있다.

일맥상통

일맥상통 means the situation that ways of thinking, conditions, or the nature of things are similar or in understading with each other. It is generally used in the form of **일맥상통하다**.

ex A: 갈수록 서민들이 생활하기 어려워지는데 정부에서 내놓는 정책은 크게 실효성이 없는 것 같아요.
B: 그래도 이번에 내놓은 물가 안정 정책은 국민들의 요구와 일맥상통하는 부분이 있던데요.

감개무량

감개무량 means the situation that the depth of emotion is infinite or the endlessness of that deep emotion or impression. It is generally used in the form of **감개무량하다**.

ex 영화 시상식에서 남우주연상을 받은 배우는 상을 받을 줄 몰랐다면서 감개무량하다는 말로 소감을 대신했다.

시시각각

시시각각 means every time or all the time, that is 'as time passes.' It is generally used in the form of **시시각각**, **시시각각으로**, or **시시각각의**.

ex A: 제이슨 씨, 휴대 전화로 뭘 그렇게 자주 봐요?
B: 주가 지수요. 주가가 시시각각 변하니까 틈날 때마다 확인하는 거예요.

일석이조

일석이조 means killing two birds with one stone and refers to gaining two benefits by doing one thing. It is generally used in the form of **일석이조의** or **일석이조이다**.

ex 해외 지사에서 일하면 경력도 쌓고 외국어 실력도 키울 수 있기 때문에 일석이조이다.

Vocabulary Check

Part 1 준비합시다 01

- 대여료 — rental fee
- 보장하다 — to guarantee
- 구내식당 — in-house cafeteria

Part 1 준비합시다 02

- 마감 — deadline
- 서적 — book
- 단시간 — short time
- 헌책방 — used bookstore
- 절판되다 — to go out of print

Part 1 들어 봅시다

- 문화 콘텐츠 — cultural contents
- 현실성 — feasibility
- 기반 — base
- 고유하다 — to be unique
- 생활양식 — way of living
- 가량 — guess, conjecture
- 증거 — evidence, proof
- 원작 — original work
- 정적 — silent, still
- 동적 — dynamic
- 상상력 — imagination
- 비틀다 — to twist
- 흥겹다 — to be exciting
- 어우러지다 — to harmonize, to mix well

Part 1 말해 봅시다

- 한몫하다 — to play a part, to contribute to
- 금전적 — financial

Part 2 준비합시다 01

- 등단하다 — to debut as an author
- 출판기념회 — book launch
- 영화제 — film festival
- 통계청 — Statistics Korea, bureau of statistics
- 진술하다 — to state, to explain

Part 2 읽어 봅시다

- 반성 — reflection, self-examination
- 깨달음 — enlightenment, realization
- 공감하다 — to agree, to sympathize
- 산동네 — hilly neighborhood, poor neighborhood
- 여운 — resonance, lingering thoughts
- 맞아떨어지다 — to be correct, to fall in line with
- 여리다 — to be sensitive, to be tender/soft
- 수줍다 — to be shy
- 머뭇머뭇 — hesitantly
- 맹장염 — appendicitus
- 뼘 — a span
- 도리어 — rather
- 모질다 — to be harsh, to be cruel
- 낱낱이 — bit by bit
- 풀어 헤치다 — to undo
- 흉측하다 — to be awful, to be grusome
- 자국 — mark, scar
- 흉하다 — to be ugly, to be unsightly
- 도리도리 — shaking the head
- 맹장 — appendix
- 부질없다 — to be useless
- 허영심 — vanity
- 아무짝에도 — nothing, anything
- 기필코 — certainly, surely
- 멍텅구리 — idiot, stupid person

Part 2 써 봅시다

- 측면 aspect, side
- 달동네 poor hillside neighborhood
- 공유하다 to share
- 좌절하다 to despair, to be frustrated
- 나약하다 to be weak
- 차별화되다 to be distinguished, to be differentiated
- 뛰어넘다 to surpass

Part 3 과제 활동

- 효심 filial piety
- 의리 loyalty
- 햇살 sunshine
- 토끼풀 clover
- 비비다 to rub
- 독백 (dramatic) monologue
- 당당하다 to be assured, to be confident
- 터벅터벅 ploddingly
- 꿀꺽 in one gulp
- 태연하다 to be calm, to keep one's face

Part 3 어휘 확장

- 가야금 12-stringed zither (*gayageum*)
- 음색 (musical) tone

Part 3 사자성어

- 와전되다 to be misreported/misinformed
- 연일 every day, day after day

Topic Vocabulary

Creative Activity

- 개성을 살리다 to emphasize originality
- 기발한 아이디어를 내다 to present a fantastic idea
- 다른 장르와 협업하다 to collaborate with a different genre
- 독창적으로 표현하다 to express in an original way
- 모방에 그치지 않다 to do more than just copy
- 실험적인 무대를 선보이다 to present an experimental stage
- 영감을 얻다 to gain inspiration
- 예술에 철학을 담다 to infuse art with philosophy
- 재능을 발휘하다 to demonstrate talent
- 창의력을 키우다 to nurture originality
- 창작의 고통을 느끼다 to experience the pain of creation
- 창작 활동에 전념하다 to concentrate on creative activity
- 창조적 표현 creative expression

Glossary

Ⓣ Textbook Ⓢ Study Guide

가격표 price tag Ⓣ 205 Ⓢ 80
가공하다 to process Ⓣ 60, 176 Ⓢ 117
가까운 곳은 걸어서 다니다 to walk to nearby places Ⓢ 105
가량 guess, conjecture Ⓣ 202, 209 Ⓢ 128
가속화 acceleration Ⓣ 156 Ⓢ 104
가시가 돋친 말 sharp remark, barb Ⓢ 69
가야금 12-stringed zither (gayageum) Ⓣ 172, 196, 208 Ⓢ 126, 129
가정불화 family troubles Ⓣ 82 Ⓢ 56
가족 간에 대화를 하다 to communicate with family members Ⓢ 57
가치관을 형성하다 to form one's values Ⓢ 57
가파르다 to be steep Ⓣ 74 Ⓢ 56
각오 determination, resolution Ⓣ 34, 104, 116, 160 Ⓢ 18, 74, 75, 80
간병하다 to nurse, to care for Ⓣ 134 Ⓢ 87, 92
간소화하다 to simplify Ⓣ 27 Ⓢ 20
간판 signboard, bulletin board Ⓣ 74, 96 Ⓢ 56
간편식 instant food Ⓢ 76
감안하다 to take into account Ⓣ 64, 150 Ⓢ 44
감지기 sensor Ⓣ 51 Ⓢ 33
감축량 reduced amount Ⓣ 149 Ⓢ 104
감축하다 to reduce, to cut Ⓣ 207 Ⓢ 104
강력계 violent crimes bureau Ⓣ 70 Ⓢ 45
강좌 lecture Ⓣ 23 Ⓢ 13, 20
강행하다 to push ahead with Ⓣ 151 Ⓢ 104
개론 introduction Ⓣ 201 Ⓢ 32
개막식 opening ceremony Ⓢ 28
개사하다 to rewrite lyrics (of a song) Ⓣ 158, 159 Ⓢ 104
개설 establishment Ⓣ 23 Ⓢ 20
개성을 살리다 to emphasize originality Ⓢ 129
개인 컵을 사용하다 to use one's own cup (ie. not a disposable cup) Ⓢ 105
개정 revision, amendment Ⓣ 120 Ⓢ 81
개표 ballot counting Ⓢ 21, 46
개표하다 to count votes Ⓢ 21
객관식 objective Ⓣ 104, 105 Ⓢ 68
거론되다 to be discussed/debated Ⓢ 100
거리끼다 to hesitate Ⓣ 134 Ⓢ 87, 92
거머리 leech Ⓣ 119 Ⓢ 77, 81
건전하다 to be sound/healthy Ⓣ 122 Ⓢ 81
걸쇠 latch Ⓣ 166, 167, 208 Ⓢ 116
걸터앉다 to sit on the edge Ⓣ 166, 208 Ⓢ 116
검색창 search bar/box Ⓣ 23, 200 Ⓢ 20
겁내다 to fear Ⓣ 41, 201 Ⓢ 32
격차 difference, gap Ⓣ 79 Ⓢ 56
견인차 driving force, engine Ⓣ 202 Ⓢ 38, 44
견주다 to compare Ⓣ 124 Ⓢ 78, 81
결함 deflect, flaw Ⓢ 78
겹 layer Ⓣ 130 Ⓢ 92
경쟁 위주의 교육에서 벗어나다 to move away from competition-oriented education Ⓢ 57
경쟁률 competition ratio Ⓣ 44 Ⓢ 12, 14, 32
경직되다 to be stiff, to be inflexible Ⓣ 46, 47 Ⓢ 29, 32
경찰청 National Police Agency Ⓣ 84 Ⓢ 56
경품 giveaway, free gift Ⓣ 71, 119 Ⓢ 81
계발하다 to develop Ⓣ 81, 201 Ⓢ 26, 32
계층 class Ⓢ 13
고갈 depletion Ⓣ 148, 149, 154, 159, 207 Ⓢ 97, 104
고공 행진 skyrocketing Ⓣ 125 Ⓢ 81
고귀하다 to return home Ⓣ 30 Ⓢ 21
고달프다 to be weary, to be worn out Ⓣ 137 Ⓢ 93
고립되다 to be isolated, to be cut off Ⓣ 161 Ⓢ 105
고무적 encouraging Ⓣ 28 Ⓢ 20
고분고분하다 to be obedient, to be docile Ⓢ 124
고스란히 unchanged, with no change Ⓣ 64, 166 Ⓢ 40,

44
고심하다 to make great effort, to take great pains Ⓣ 74 Ⓢ 47, 56
고안되다 to be designed, to be devised Ⓣ 45 Ⓢ 32
고온다습 high temperature and humidity Ⓣ 61 Ⓢ 44
고유하다 to be unique Ⓣ 102, 174, 204 Ⓢ 128
고인 the deceased, the dead Ⓣ 132 Ⓢ 92
고향의 맛 hometown flavor Ⓢ 45
곤욕을 치르다 to suffer insult, to be in hot water Ⓢ 78, 127
골대 goal post Ⓣ 124 Ⓢ 81
골똘히 생각하다 to rack one's brains Ⓢ 33
공감하다 to agree, to sympathize Ⓣ 189 Ⓢ 128
공교육 public education Ⓣ 79 Ⓢ 56
공들이다 to work hard on something Ⓢ 77
공백 gap, empty space Ⓢ 110
공유하다 to share Ⓣ 24, 192 Ⓢ 129
공적 official Ⓢ 26
공짜 free Ⓣ 38, 113, 205 Ⓢ 22, 32, 73
관여하다 to get involved Ⓢ 122
관찰하다 to observe Ⓣ 48 Ⓢ 28, 32
관혼상제 four big ceremonial occasions in life: coming of age, wedding, funeral and ancestral rites Ⓣ 131, 206 Ⓢ 82, 92
광부 miner Ⓣ 46 Ⓢ 32
광산 mine Ⓣ 46 Ⓢ 32
광활하다 to be vast/wide Ⓣ 60 Ⓢ 44
괴팍스럽다 to be eccentric/strange Ⓢ 59
교육열 fever for education Ⓣ 86 Ⓢ 57
교육학 pedagogy Ⓣ 82, 201 Ⓢ 32
구내식당 in-house cafeteria Ⓣ 182 Ⓢ 118, 119, 128
구사하다 to use skillfully, to have a good command of Ⓣ 200 Ⓢ 13, 20
구심점 central figure, core Ⓣ 82 Ⓢ 53, 56
구조 조정 restructuring Ⓢ 87
국보 national treasure Ⓣ 64 Ⓢ 44
국회의원 lawmaker, general assembly member Ⓣ 28, 124, 138 Ⓢ 16–18, 20, 53, 61, 66
군데 place, spot Ⓣ 71, 203 Ⓢ 45
굴곡(이) 있다 to have ups and downs Ⓣ 137 Ⓢ 93
굽히다 to bend (one's will) Ⓣ 204 Ⓢ 68
궁극적 ultimate, eventual Ⓣ 118, 119 Ⓢ 80
궁리하다 to think about, to ponder Ⓢ 33
극적 dramatic Ⓣ 136, 204 Ⓢ 68
근현대식 pre-modern style Ⓣ 57 Ⓢ 37, 44
글로벌 global Ⓣ 140 Ⓢ 93
금기 taboo Ⓣ 131, 206 Ⓢ 85, 92
금세 soon, at once Ⓣ 53, 208 Ⓢ 116
금전적 financial Ⓣ 186, 187 Ⓢ 128
금줄 straw rope (to ward off evil spirits) Ⓣ 130, 206 Ⓢ 92
급감하다 to suddenly decrease Ⓣ 30 Ⓢ 21
긍정적인 사고방식을 갖다 to have a positive way of thinking Ⓢ 57
기계를 돌리다 to run/operate a machine Ⓢ 88
기교 skill, craftsmanship Ⓢ 63
기권하다 to give up, to withdraw Ⓢ 95
기꺼이 willingly Ⓣ 28 Ⓢ 20
기둥 column, pillar Ⓣ 168, 208 Ⓢ 116
기량 talent, ability Ⓢ 40
기리다 to pay tribute to Ⓣ 132 Ⓢ 92
기미 traces, signs Ⓢ 48, 96
기반 base Ⓣ 185, 209 Ⓢ 121, 128
기발하다 to be extraordinary Ⓣ 46 Ⓢ 27, 32, 129
기발한 아이디어를 내다 to present a fantastic idea Ⓢ 129
기성세대 adult generation Ⓢ 29
기원하다 to pray Ⓣ 34 Ⓢ 21
기인하다 to arise from, to be caused by Ⓣ 151 Ⓢ 104
기재하다 to write down Ⓣ 200 Ⓢ 20
기필코 certainly, surely Ⓣ 191 Ⓢ 128
긴밀하다 to be closely related to Ⓣ 174 Ⓢ 117
깃들다 to be imbued with Ⓣ 63 Ⓢ 44
깨달음 enlightenment, realization Ⓣ 189 Ⓢ 128
꼬불꼬불 winding Ⓣ 64 Ⓢ 44
꼴깍 in one gulp Ⓣ 194 Ⓢ 129
꾀다 to tempt Ⓢ 67

꾸리다 to manage, to run Ⓣ 135 Ⓢ 93
끼어들다 (car) to break in Ⓣ 75, 79, 93 Ⓢ 48, 49, 68
끼워 팔다 to bundle something with another product Ⓢ 81

나름대로 in its own way Ⓣ 28, 201 Ⓢ 32
나무를 심고 가꾸다 to plant and take care of a tree Ⓢ 105
나약하다 to be weak Ⓣ 192 Ⓢ 129
낙방하다 to fail/flunk Ⓣ 136 Ⓢ 93
낙선하다 to fail to be elected Ⓢ 21
낙제하다 to fail Ⓣ 134 Ⓢ 87, 92
난처하다 to be embarrassed, to be in a difficult position Ⓢ 49
남다르다 to stand out from the rest Ⓣ 89 Ⓢ 57
남향 southern orientation Ⓣ 165 Ⓢ 115, 116
납득하다 to accept, to understand Ⓣ 206 Ⓢ 92
낭독 reading aloud Ⓣ 22, 23, 33, 157, 200 Ⓢ 13, 20
낭비벽 spendthrift ways Ⓢ 35
낭패 failure Ⓣ 100 Ⓢ 64, 68
낱낱이 bit by bit Ⓣ 190 Ⓢ 128
내던지다 to throw out, to give up Ⓣ 158 Ⓢ 104
내레이션 narration Ⓣ 32, 33, 200 Ⓢ 13, 21
내레이터 narrator Ⓣ 32, 33 Ⓢ 21
내수 domestic demand Ⓢ 115
냉기 cool air, cold Ⓣ 168 Ⓢ 116
냉랭하다 to be cold Ⓣ 128 Ⓢ 92
냉방장치 cooling device Ⓣ 208 Ⓢ 116
냉소적 indifferent, scornful Ⓣ 28 Ⓢ 17, 20
너머 over, beyond Ⓣ 208 Ⓢ 116
넓적하다 to be wide and flat Ⓣ 172 Ⓢ 116
노동자 worker, laborer Ⓣ 48, 135, 136 Ⓢ 32
노릇 duty, role Ⓣ 202 Ⓢ 38, 44
노사 labor and management Ⓣ 170 Ⓢ 111, 116
노화 aging Ⓣ 116 Ⓢ 80
논리적 logical Ⓣ 188, 201 Ⓢ 28, 32
논쟁 debate Ⓣ 204 Ⓢ 61, 68
농도 concentration Ⓣ 148 Ⓢ 104
농민 farmer Ⓢ 11, 36, 70
농장 farm Ⓢ 64, 72
뇌 brain Ⓣ 41, 201 Ⓢ 26, 32
뇌물 bribe Ⓣ 134 Ⓢ 87, 92
눈여겨보다 to watch carefully Ⓣ 100 Ⓢ 68
능통하다 to be skilled at Ⓣ 89, 204 Ⓢ 57

다듬다 to trim, to tidy up Ⓣ 32, 66, 176 Ⓢ 21, 117
다른 장르와 협업하다 to collaborate with a different genre Ⓢ 129
다방면 many fields, all areas Ⓣ 24 Ⓢ 20
다세대주택 multi-family housing Ⓢ 117
다수 majority Ⓣ 113, 118, 205, 209 Ⓢ 73, 80
단독주택 house, free standing house Ⓢ 38, 117
단숨에 in one breath, instantly Ⓢ 51
단시간 short time Ⓣ 183 Ⓢ 120, 128
단장 grooming, makeup Ⓣ 158 Ⓢ 104
단적 clear and direct Ⓣ 203 Ⓢ 50, 56
달동네 poor hillside neighborhood Ⓣ 192 Ⓢ 129
담배꽁초 cigarette butt Ⓢ 107
담보 collateral Ⓣ 92 Ⓢ 58, 68
당당하다 to be assured, to be confident Ⓣ 194 Ⓢ 129
당도 sugar content Ⓢ 36
당락 pass or fail Ⓣ 74 Ⓢ 16, 56
당선되다 to be elected Ⓣ 28, 29, 124 Ⓢ 19, 21, 81
당위성 justification Ⓣ 156 Ⓢ 104
대대적 extensive, large-scale Ⓣ 170 Ⓢ 111, 116
대박 great success Ⓣ 114, 115 Ⓢ 80
대여료 rental fee Ⓣ 182 Ⓢ 128
대중교통을 이용하다 to use public transport Ⓢ 105
대청 wood-floored hall Ⓣ 166–168, 176, 208 Ⓢ 116
대폭 drastically Ⓣ 110 Ⓢ 71–80
덜렁거리다 to act hastily/carelessly Ⓣ 46 Ⓢ 32
덤 bonus Ⓣ 57, 205 Ⓢ 44, 73
데스크톱 desktop (computer) Ⓣ 52 Ⓢ 33
도리도리 shaking the head Ⓣ 190 Ⓢ 128
도리어 rather Ⓣ 190 Ⓢ 128
도매 wholesale Ⓣ 114 Ⓢ 80
도배 wallpaper Ⓣ 20 Ⓢ 10, 20

도보 by/on foot, walking Ⓣ 63–65 Ⓢ 41, 44
독백 (dramatic) monologue Ⓣ 194 Ⓢ 129
독자적 independent Ⓣ 102 Ⓢ 68
독창적으로 표현하다 to express in an original way Ⓢ 129
독창적인 사고 original thinking Ⓢ 33
돋치다 to sprout, to grow Ⓣ 153 Ⓢ 104
동결 freezing Ⓢ 61
동요하다 to be restless Ⓣ 74 Ⓢ 56
동원되다 to be mobilized Ⓣ 64 Ⓢ 44
동적 dynamic Ⓣ 209 Ⓢ 128
동참하다 to participate Ⓣ 23, 30, 95, 156, 200 Ⓢ 20
두각 prominence Ⓣ 89 Ⓢ 57
두드리다 to beat, to knock Ⓣ 46 Ⓢ 32
둘러보다 to look around Ⓣ 62, 202, 205 Ⓢ 80
뒤덮이다 to be covered with Ⓢ 103
뒷전 aside, behind Ⓢ 101
뒷정리 cleaning up afterwards Ⓣ 98 Ⓢ 63, 68
들뜨다 to be restless, to be excited Ⓣ 88 Ⓢ 57
들락날락하다 to come and go Ⓣ 146 Ⓢ 95, 104
들볶다 to pester, to nag Ⓢ 94
들풀 wild grasses Ⓣ 68 Ⓢ 45
등단하다 to debut as an author Ⓣ 188 Ⓢ 128
등을 돌리다 to turn one's back on, to ignore Ⓣ 120 Ⓢ 81
등한시하다 to neglect Ⓣ 84 Ⓢ 57
따돌림을 당하다 to be treated as an outcast Ⓢ 57
떠오르다 to come to mind, to occur to Ⓣ 40, 63, 201 Ⓢ 32
떼를 쓰다 to pester, to badger Ⓢ 49
또래 peers Ⓣ 84, 106 Ⓢ 56
또래들과 잘 어울리다 to get along well with one's peers Ⓢ 57
뚝뚝 dropping one by one Ⓣ 53 Ⓢ 33
뚫리다 to be pierced Ⓣ 208 Ⓢ 116
뛰어넘다 to surpass Ⓣ 192 Ⓢ 129
뜬구름 clouds in the sky Ⓣ 203 Ⓢ 50, 56
띄다 to be visible, to space out Ⓣ 205 Ⓢ 80
띄우다 to float Ⓣ 48 Ⓢ 32

라운지 lounge Ⓣ 140 Ⓢ 93
리모컨 remote controller Ⓣ 50, 51 Ⓢ 33

마감 deadline Ⓣ 62, 66, 152, 183 Ⓢ 39, 114, 120, 128
마다하다 to refuse, to reject Ⓣ 135, 136 Ⓢ 93
마당놀이 outdoor performance Ⓣ 160 Ⓢ 104
마저 even Ⓢ 28, 32
막말을 하다 to speak bluntly/ harshly Ⓢ 69
막연하다 to be vague/obscure Ⓣ 203 Ⓢ 50, 56
만끽하다 to enjoy Ⓣ 68 Ⓢ 45
만년 old age Ⓢ 102
만류하다 to keep back, to detain Ⓣ 70 Ⓢ 45
말귀를 알아듣다 to understand what is said Ⓢ 69
말꼬리를 잡다 to argue every point Ⓢ 69
말끔하다 to be neat, to be tidy Ⓣ 32, 172 Ⓢ 21
말끝마다 at the end of every sentence Ⓢ 66
말다 to roll Ⓣ 48 Ⓢ 32
말버릇을 고치다 to change one's way of speaking Ⓢ 69
말솜씨가 뛰어나다 to be a glib talker Ⓢ 69
말이 씨가 되다 to have words come true Ⓢ 69
말재주가 있다 to be a gifted talker Ⓢ 69
말투가 이상하다 to have a strange way of speaking Ⓢ 69
말투를 흉내 내다 to mimic another's way of speaking Ⓢ 69
맛을 내다 to flavor Ⓢ 45
맛을 살리다 to bring out the flavor Ⓢ 45
맞대다 to face someone Ⓣ 92 Ⓢ 58, 68
맞먹다 to be equal to, to be a match for Ⓣ 82 Ⓢ 52, 56
맞아떨어지다 to be correct, to fall in line with Ⓣ 190, 194 Ⓢ 124, 128
매기다 to decide, to evaluate Ⓣ 203 Ⓢ 56
매달다 to hang up Ⓣ 46, 131, 167, 206 Ⓢ 116
매장 burial Ⓣ 132 Ⓢ 92
매진하다 to strive Ⓣ 116, 118 Ⓢ 76, 80
맥락 context Ⓣ 100 Ⓢ 68
맵시 attractiveness, shapeliness Ⓣ 57 Ⓢ 44
맹장 appendix Ⓣ 191 Ⓢ 125, 128
맹장염 appendicitus Ⓣ 190, 194 Ⓢ 128

머뭇머뭇 hesitantly Ⓣ 190, 194 Ⓢ 124, 128
멍텅구리 idiot, stupid person Ⓣ 191 Ⓢ 128
멎다 to stop Ⓢ 90
메주 soy bean block Ⓣ 58, 202 Ⓢ 44
며느리 daughter-in-law Ⓢ 89
명산 famous mountain Ⓢ 31
명심하다 to bear something in mind Ⓣ 88 Ⓢ 57
모방에 그치지 않다 to do more than just copy Ⓢ 129
모색하다 to seek, to find Ⓣ 143 Ⓢ 93
모아쓰다 to write down gathered together Ⓣ 96–97 Ⓢ 68
모질다 to be harsh, to be cruel Ⓣ 190 Ⓢ 128
목구멍 throat Ⓣ 204 Ⓢ 68
목돈 substantial sum of money Ⓣ 111 Ⓢ 72, 80
목숨을 바치다 to give one's life Ⓢ 93
목적어 object Ⓣ 99–102 Ⓢ 65, 68
몰두하다 to be absorbed Ⓣ 205 Ⓢ 73, 80
몸담다 to belong to, to work for Ⓣ 24 Ⓢ 20
몸소 personally, in person 35, 201 Ⓢ 21
무단 without notice Ⓣ 98 Ⓢ 63, 68
무선 호출기 pager Ⓣ 52 Ⓢ 33
무스 mousse Ⓣ 158 Ⓢ 104
무작정 reckless, unplanned Ⓣ 39, 62 Ⓢ 25, 32
묵념 silent tribute Ⓣ 132 Ⓢ 92
묵묵하다 to be silent Ⓣ 88 Ⓢ 57
문득 suddenly Ⓣ 48, 136, 203 Ⓢ 56
문지방 threshold, doorsill Ⓣ 172 Ⓢ 112, 116
문화 콘텐츠 cultural contents Ⓣ 184–187, 209 Ⓢ 121, 128
물의를 빚다 to cause trouble, to invite criticism Ⓢ 120
미끼 상품 loss leader Ⓢ 81
미백 whitening Ⓣ 53 Ⓢ 33
미세 먼지 fine dust Ⓢ 74
미약하다 to be feeble, to be weak Ⓣ 169 Ⓢ 116
미흡하다 to be insufficient, to be unsatisfactory Ⓣ 87, 123 Ⓢ 57
밀도 density Ⓣ 174 Ⓢ 117
밀짚 (wheat) straw Ⓣ 48 Ⓢ 32
밀착 close adhesion, sticking close to Ⓣ 172 Ⓢ 116

박탈감 sense of deprivation Ⓣ 79 Ⓢ 56
반감 opposition Ⓣ 204 Ⓢ 61, 68
반성 reflection, self-examination Ⓣ 189 Ⓢ 128
반포하다 to promulgate Ⓣ 96 Ⓢ 68
발각되다 to be discovered Ⓣ 161 Ⓢ 105
발굴하다 to pick out, to disinter Ⓣ 24 Ⓢ 20
발령 appointment (to a position) Ⓢ 122
발목을 잡다 to drag one's feet Ⓣ 118 Ⓢ 77, 80
발상 idea, thinking Ⓣ 45–47, 118, 119 Ⓢ 28, 29, 32
발탁되다 to be selected Ⓢ 91
발효 fermentation Ⓣ 59, 202 Ⓢ 44
발휘하다 to display, to show Ⓣ 28, 201 Ⓢ 32, 40, 53, 129
방긋방긋 smiling brightly Ⓣ 53 Ⓢ 33
방수 waterproofing Ⓣ 168 Ⓢ 116
배냇저고리 baenaet jeogori, first upper garment that a newborn baby wears. Ⓣ 130, 206 Ⓢ 92
배열 arrangement Ⓣ 168, 169 Ⓢ 116
배치되다 to be arranged, to be placed Ⓣ 167 Ⓢ 116
배치하다 to place, to distribute Ⓣ 81, 82, 167, 203, 208 Ⓢ 35, 53, 56, 110
백미 highlight Ⓣ 63 Ⓢ 44
백성 common people Ⓣ 95, 204 Ⓢ 68
버릇없다 to be ill mannered/rude Ⓣ 75 Ⓢ 56
법의 Buddhist robes Ⓣ 66 Ⓢ 45
베풀다 to give, to donate Ⓣ 30 Ⓢ 21
벤치마킹을 하다 to benchmark Ⓢ 81
벼락치기 rush job Ⓣ 26 Ⓢ 15, 20
변두리 suburbs Ⓣ 114, 192 Ⓢ 80
별미 delicacy Ⓣ 202 Ⓢ 44
별세하다 to pass away Ⓢ 93
병세 state of a disease Ⓢ 85
병행되다 to take place at the same time Ⓣ 24 Ⓢ 20
보유량 holdings Ⓣ 30 Ⓢ 21
보유하다 to possess, to preserve Ⓣ 207 Ⓢ 104
보장하다 to guarantee Ⓣ 182 Ⓢ 128
보조금 subsidy Ⓣ 153 Ⓢ 104

복귀 return Ⓣ 81 Ⓢ 56
복리 후생 welfare benefits Ⓣ 114 Ⓢ 80
복원 restoration Ⓣ 64, 65 Ⓢ 44
복지 시설 welfare facility Ⓣ 33–84 Ⓢ 21
본격적 in earnest Ⓣ 24, 25, 61, 201 Ⓢ 26, 32, 47
본뜨다 to take as a model Ⓣ 95 Ⓢ 68
본문제 original issue/problem Ⓣ 107, 205 Ⓢ 69
본전 principal Ⓣ 110 Ⓢ 80
본체 desktop Ⓣ 52 Ⓢ 33
부각되다 to be emphasized Ⓣ 69 Ⓢ 45
부기 swelling Ⓣ 130 Ⓢ 92
부녀회 women's association Ⓣ 179 Ⓢ 117
부디 by all means Ⓣ 30 Ⓢ 21
부재 absence Ⓣ 87 Ⓢ 57
부재자 absentee Ⓣ 27–29, 200 Ⓢ 17, 20
부정하다 to be unclean Ⓣ 130 Ⓢ 92
부진하다 to be weak, to slump Ⓢ 115
부질없다 to be useless Ⓣ 191 Ⓢ 125, 128
부쩍 persistently Ⓣ 30 Ⓢ 21
부추기다 to encourage Ⓣ 78, 203 Ⓢ 56
불신 distrust, disbelief Ⓣ 28, 29, 76, 200 Ⓢ 16, 56
불씨 spark Ⓢ 107
불탑 Buddhist pagoda Ⓣ 66 Ⓢ 45
붓 brush Ⓣ 206 Ⓢ 92
브랜드 가치를 높이다 to promote brand value Ⓢ 81
비비다 to rub Ⓣ 194 Ⓢ 129
비웃음 ridicule Ⓣ 134 Ⓢ 87, 92
비틀다 to twist Ⓣ 209 Ⓢ 121, 128
비판적인 사고 critical thinking Ⓢ 33
빈소 funeral parlor Ⓣ 132 Ⓢ 92
빗발치다 to rain, to come down heavily Ⓢ 78
빛을 발하다 to shine brightly Ⓣ 32 Ⓢ 21
빨다 to suck Ⓣ 48 Ⓢ 32
빨대 (drinking) straw Ⓣ 48 Ⓢ 32
뻔하다 to be obvious/evident Ⓣ 34 Ⓢ 21
뼘 a span Ⓣ 190 Ⓢ 128

사교육비 private education costs Ⓣ 76, 77, 79, 188, 203 Ⓢ 50, 56, 123
사당 shrine Ⓣ 168 Ⓢ 116
사들이다 to buy up Ⓢ 16
사랑채 room used by the master of the house Ⓣ 168 Ⓢ 116
사법 시험 bar/judicial examination Ⓣ 136, 137 Ⓢ 93
사법연수원 Judicial Research and Training Institute Ⓣ 136 Ⓢ 93
사보 in-house magazine/newsletter Ⓢ 31
사사건건 every little thing Ⓣ 106 Ⓢ 66, 69
사시사철 all year round Ⓣ 64 Ⓢ 45
사업체 company, business Ⓣ 114, 115 Ⓢ 80
사위 son-in-law Ⓣ 136 Ⓢ 89
사적 private Ⓢ 26
사정하다 to plead, to make an appeal Ⓢ 86
사회관계망 서비스(SNS) social network service Ⓣ 27 Ⓢ 20
산동네 hilly neighborhood, poor neighborhood Ⓣ 189 Ⓢ 128
산란 egg laying, spawning Ⓣ 60 Ⓢ 44
산모 woman who has just given birth Ⓣ 130, 131, 206 Ⓢ 85, 92
산업혁명 industrial revolution Ⓣ 148 Ⓢ 100, 104
산해진미 delicious food, great delicacy Ⓣ 68, 71, 203 Ⓢ 43, 45
삼가다 to abstain from Ⓣ 130, 206 Ⓢ 85, 92
삼박자를 고루 갖추다 to have all the right conditions Ⓣ 60 Ⓢ 44
삼칠일 baby's twenty-first day of life Ⓣ 131, 206 Ⓢ 92
상갓집 house of mourning Ⓣ 131, 206 Ⓢ 92
상대적 comparative, relative Ⓣ 28, 208 Ⓢ 116
상반기 first half of the year Ⓣ 80 Ⓢ 56, 69
상봉 reunion Ⓢ 94
상상력 imagination Ⓣ 185, 209 Ⓢ 121, 128
상설 permanent Ⓣ 92 Ⓢ 58, 68
상습적 habitual Ⓢ 48
상승세 rising trend Ⓣ 28, 74 Ⓢ 16, 20, 47
상징성 symbolism Ⓣ 112 Ⓢ 80

상품화되다 to be commercialized Ⓣ 48, 209 Ⓢ 32
상호 company name Ⓣ 122 Ⓢ 81
새로운 각도로 생각하다 to think about something from a new perspective Ⓢ 33
새집에 입주하다 to move into a new house Ⓢ 117
생각에 잠기다 to be lost in thought Ⓢ 33
생각이 못 미치다 to fall short in one's thinking Ⓢ 33
생명을 잃다 to lose one's life Ⓢ 93
생소하다 to be unfamiliar/new Ⓣ 200 Ⓢ 20
생을 마감하다 to end one's life Ⓢ 93
생활고 hardships of life Ⓣ 74 Ⓢ 47, 56
생활양식 way of living Ⓣ 83, 171, 203 Ⓢ 53, 116, 128
생활용수 drinking water Ⓢ 70
서거하다 to pass away Ⓢ 93
서부 western region Ⓣ 205 Ⓢ 80
서비스를 개선하다 to improve service Ⓢ 81
서원 private Confucian academy Ⓣ 176 Ⓢ 117
서적 book Ⓣ 183 Ⓢ 120, 128
석권하다 to dominate, to sweep Ⓢ 76
선거 election Ⓣ 28, 29, 33, 138, 200 Ⓢ 16, 17, 19, 20, 46, 66, 122
선거권을 가지다 to have voting rights/suffrage Ⓢ 21
선거를 치르다 to hold an election Ⓢ 21
선거에 나가다 to run for office, to run in an election Ⓢ 17, 21
선거에 출마하다 to run for office, to run in an election Ⓢ 21
선거운동을 하다 to campaign, to hold an election campaign Ⓢ 21
선두 lead Ⓢ 38
선뜻 without hesitation Ⓢ 48
선발전 pre-selection Ⓢ 53
선발하다 to select Ⓣ 82, 203 Ⓢ 56
선보이다 to show, to debut Ⓣ 202 Ⓢ 44, 129
선착순 first-come first-served basis Ⓣ 71 Ⓢ 45
설계도를 그리다 to draw a plan, to make a blueprint Ⓢ 117
설득력 persuasiveness Ⓣ 28, 33, 157 Ⓢ 20
성과급 performance-based bonus Ⓣ 110 Ⓢ 71, 80
성사 accomplishment, achievement Ⓣ 44 Ⓢ 32, 87, 92, 108
성사시키다 to achieve, to accomplish Ⓣ 134 Ⓢ 87, 92
성찰 self-reflection Ⓣ 154 Ⓢ 100, 104
성취도 level of achievement Ⓣ 78, 79 Ⓢ 56
셋방 rented room Ⓢ 88
소금기 saltiness, taste of salt Ⓢ 112
소꿉장난 playing house Ⓣ 66 Ⓢ 45
소량 판매를 하다 to sell a small quantity of something Ⓢ 81
소매 retail Ⓣ 114 Ⓢ 80
소비 유형을 분석하다 to analyze con-sumption patterns Ⓢ 81
소비자의 지갑을 열다 to make consumers open their wallets, to attract consumers Ⓢ 81
소송을 걸다 to sue, to take legal action Ⓢ 127
소수 minority Ⓣ 113 Ⓢ 80
속뜻 real meaning, hidden meaning Ⓣ 100 Ⓢ 65, 68
속설 common saying Ⓣ 206 Ⓢ 92
속성 quality, attribute Ⓣ 32, 33 Ⓢ 21
손맛 home-made flavor Ⓢ 45
손색 inferiority, inadequacy Ⓣ 124 Ⓢ 81
손에 땀을 쥐다 to have sweaty hands Ⓣ 124 Ⓢ 81
손이 가다 to be a lot of work Ⓣ 93 Ⓢ 68
솔깃하다 to be interested Ⓣ 179 Ⓢ 117
솔잎 pine needles Ⓣ 131, 206 Ⓢ 92
수긍하다 to agree, to accept Ⓢ 118
수량 number Ⓣ 20 Ⓢ 20
수목장 woodland burial Ⓣ 132, 133 Ⓢ 92
수상하다 to win a prize Ⓣ 205 Ⓢ 80
수석 first place Ⓣ 135–137 Ⓢ 93
수선 mending, repair Ⓢ 39
수송 transportation Ⓣ 149 Ⓢ 104
수용하다 to accommodate Ⓣ 176 Ⓢ 117
수월하다 to be easy Ⓣ 119 Ⓢ 80
수줍다 to be shy Ⓣ 190, 194 Ⓢ 128
수확량 amount of harvest Ⓢ 36

순창 Sunchang Ⓣ 58, 59, 202 Ⓢ 44
숨을 거두다 to breathe one's last Ⓢ 93
숨지다 to die, to stop breathing Ⓢ 93
숯 charcoal Ⓣ 131, 206 Ⓢ 92
시각장애 visual impairment, blindness Ⓣ 22 Ⓢ 20
시각장애인 the visually impaired Ⓣ 22 Ⓢ 13, 20
시급 hourly wage Ⓢ 98
시시콜콜 fussily, inquisitively Ⓣ 75 Ⓢ 56
시장성 commercial viability Ⓣ 69 Ⓢ 45
시절 days, time Ⓣ 74, 89, 143, 204 Ⓢ 71, 89, 91, 116
시행착오 trial and error Ⓣ 41, 118, 201 Ⓢ 32, 76
식도락 epicurism Ⓣ 104 Ⓢ 68
식재료 ingredients Ⓣ 119 Ⓢ 64, 80
식히다 to cool Ⓣ 166, 208 Ⓢ 116
신명나다 to be excited Ⓢ 121
신분 제도 class system, status system Ⓢ 100
신빙성 credibility, reliabilityⓉ 150 Ⓢ 104
신성하다 to be sacred, to be holy Ⓣ 206 Ⓢ 92
신작 new work Ⓣ 80, 106 Ⓢ 56, 69
실적 performance Ⓣ 110 Ⓢ 29–37, 38, 51, 71, 80, 87, 119
실직하다 to lose one's job Ⓣ 35, 114 Ⓢ 80
실태 reality, the actual condition/ circumstances Ⓣ 81, 84, 87 Ⓢ 56
실험적인 무대를 선보이다 to present an experimental stage Ⓢ 129
실효 actual effect Ⓣ 156 Ⓢ 104, 115, 127
심다 to plant Ⓣ 134 Ⓢ 92
심사숙고하다 to think about something carefully, to contemplate Ⓢ 33
쏠쏠하다 to be significant Ⓣ 57 Ⓢ 37, 44
쓰레기를 분리 배출하다 to sort recyclable wastes Ⓢ 105
쓰레기를 재활용하다 to recycle garbage Ⓢ 105
씁쓸하다 to be somewhat bitter Ⓢ 50
씩씩거리다 to gasp, to pant Ⓣ 106 Ⓢ 69

아궁이 furnace Ⓣ 172 Ⓢ 116
아무짝에도 nothing, anything Ⓣ 191 Ⓢ 125, 128
아파트를 분양받다 to win the ownership of an apartment from the drawing Ⓢ 117
아파트를 소유하다 to own an apartment Ⓢ 117
악용되다 to misuse Ⓣ 56 Ⓢ 35, 44
안배 distribution, allocation Ⓣ 56 Ⓢ 44
안채 main bedroom, room used by the lady of the house Ⓣ 168 Ⓢ 116
알차다 to be solid, to be fruitful Ⓣ 68 Ⓢ 45
앓다 to be sick Ⓣ 104 Ⓢ 68
암기력 memory, retentive power Ⓣ 41, 201Ⓢ 26, 32
압류 distraint, seizure Ⓢ 71
압승 landslide, overwhelming victory Ⓢ 122
앞당겨지다 to bring forward, to speed up Ⓣ 207 Ⓢ 104
앞당기다 to bring forward Ⓢ 94
애물단지 burden, nuisance Ⓣ 150 Ⓢ 104
애초 from the start Ⓣ 161 Ⓢ 105
애통하다 to grieve, to mourn Ⓣ 133 Ⓢ 92
야학 night school Ⓣ 136 Ⓢ 89, 93
약관 terms Ⓣ 120 Ⓢ 81
양자 adopted son Ⓢ 89
어순 word order Ⓣ 102 Ⓢ 68
어우러지다 to harmonize, to mix well Ⓣ 209 Ⓢ 121, 128
어질러지다 to become untidy Ⓣ 129 Ⓢ 92
언행 speech and action Ⓣ 206 Ⓢ 67, 85, 92
얼음찜질 ice massage Ⓣ 26 Ⓢ 20
엄살 big fuss Ⓣ 128 Ⓢ 92
업계 business Ⓣ 52, 205 Ⓢ 33
업종 type of business Ⓣ 118, 122 Ⓢ 81
엉덩방아 falling on one's bottom Ⓣ 164 Ⓢ 107, 116
엉뚱하다 to be unexpected, to be irrelevant Ⓣ 201 Ⓢ 32, 123
여리다 to be sensitive, to be tender/ soft Ⓣ 190 Ⓢ 124, 128
여부 whether (or not) Ⓣ 44, 48, 74, 100, 101 Ⓢ 32, 65
여운 resonance, lingering thoughts Ⓣ 189 Ⓢ 128
여윳돈 spare money Ⓣ 62, 111 Ⓢ 12, 39, 44, 72, 80
여의다 to lose Ⓣ 136, 137 Ⓢ 93
역경을 딛다 to overcome hardship/adversity Ⓢ 91
역량 capacity, ability Ⓢ 53

역발상 uncommon idea/thinking Ⓣ 46 Ⓢ 32
연령대 age group Ⓣ 27 Ⓢ 20
연일 every day, day after day Ⓣ 197 Ⓢ 129
연재 serial publication Ⓣ 172 Ⓢ 116
연중 year round Ⓣ 150 Ⓢ 104
열망하다 to long for Ⓣ 138 Ⓢ 93
열악하다 to be inferior/poor Ⓣ 76 Ⓢ 56
열풍 fever, trend Ⓣ 63 Ⓢ 44
염두 mind, thoughts Ⓣ 154 Ⓢ 100, 104
염색 dye Ⓣ 68 Ⓢ 31, 45
염장 preservation with salt Ⓣ 60 Ⓢ 44
영감 inspiration, brainwave Ⓢ 121, 129
영감을 얻다 to gain inspiration Ⓢ 121, 129
영상 video Ⓣ 23, 200 Ⓢ 20
영업 sales Ⓣ 110 Ⓢ 29–37, 51, 71, 76, 80
영정 portrait of the deceased Ⓣ 132, 133 Ⓢ 92
영화제 film festival Ⓣ 188, 197 Ⓢ 28, 41, 42, 78, 91, 128
예년 average year Ⓣ 125 Ⓢ 81
예술에 철학을 담다 to infuse art with philosophy Ⓢ 129
오돌토돌하다 to be covered in bumps Ⓣ 206 Ⓢ 92
오름 volcanic cone Ⓣ 68 Ⓢ 45
오지 remote place Ⓣ 24 Ⓢ 20
와불 lying Buddha Ⓣ 66 Ⓢ 45
와전되다 to be misreported/ misinformed Ⓣ 197 Ⓢ 129
완주 completion Ⓣ 64 Ⓢ 45
외과의사 surgeon Ⓣ 30 Ⓢ 21
외지 place away from home Ⓣ 28 Ⓢ 17, 20
외형 external appearance Ⓣ 50, 51, 177 Ⓢ 117
요인 element Ⓢ 53
요충지 strategic point/place Ⓣ 64 Ⓢ 40, 44
용이하다 to be easy Ⓣ 112 Ⓢ 80
우량 good, excellent Ⓣ 116 Ⓢ 75, 80
우승 winning Ⓣ 89, 104 Ⓢ 53, 68, 95, 102, 127
우주 cosmos, universe Ⓢ 23, 74
운명하다 to pass away Ⓢ 93
운치 grace, elegance Ⓣ 57 Ⓢ 37, 44
원가 prime cost Ⓣ 114, 119 Ⓢ 80
원로 a senior, an elder Ⓢ 67
원산지 place of origin Ⓣ 114, 115, 119 Ⓢ 80
원자재 raw materials Ⓣ 179 Ⓢ 117
원작 original work Ⓣ 192, 193, 195, 209 Ⓢ 121, 128
원재료 raw materials Ⓣ 114 Ⓢ 80
원활하다 to be smooth/harmonious Ⓣ 78, 79 Ⓢ 56
위독하다 to be seriously ill Ⓣ 30 Ⓢ 21
위주 -centered, -oriented Ⓣ 76–78, 84, 86, 87, 132, 203 Ⓢ 50, 56, 57
위태롭다 to be perilous Ⓣ 30 Ⓢ 21
유권자 voter Ⓣ 27 Ⓢ 20, 66
유기 동물 abandoned animal Ⓣ 33 Ⓢ 21
유도하다 to lead, to induce Ⓣ 23, 41, 86, 104, 112, 113, 122, 167 Ⓢ 32
유명을 달리하다 to pass away Ⓢ 93
유심히 carefully Ⓣ 48 Ⓢ 32
유연하게 생각하다 to think flexibly Ⓢ 33
유조선 oil ship Ⓣ 207 Ⓢ 103, 104
유출되다 to be leaked Ⓣ 56, 207 Ⓢ 35, 104
유통업계 distribution industry Ⓣ 205 Ⓢ 80
육교식 crossover style Ⓣ 64, 65 Ⓢ 41, 44
으스대다 to brag, to boast Ⓣ 128 Ⓢ 82, 92
음색 (musical) tone Ⓣ 196 Ⓢ 129
음성 sound Ⓣ 22, 23 Ⓢ 20
음식을 먹을 만큼만 시키다 to order only as much as one can eat Ⓢ 105
응대하다 to respond, to answer Ⓢ 118
응하다 to answer, to respond to Ⓣ 140 Ⓢ 93
의가 상하다 to quarrel Ⓣ 134 Ⓢ 92
의례히 as a matter of course Ⓣ 158 Ⓢ 104
의뢰인 client Ⓣ 136 Ⓢ 93
의리 loyalty Ⓣ 194 Ⓢ 129
의사 intention/intent Ⓣ 112 Ⓢ 80
의약품 medicine and medical supplies Ⓣ 119 Ⓢ 81
의존하다 to depend on, to rely on Ⓣ 82, 208 Ⓢ 50, 53, 116
이기심을 버리다 to stop being selfish Ⓢ 57
이산가족 separated families Ⓢ 94
이산화탄소 carbon dioxide Ⓣ 148, 153, 207 Ⓢ 97, 104

이인삼각 three-legged race Ⓢ 118
이직 changing jobs Ⓣ 75 Ⓢ 56–114
이참에 at this opportunity/time Ⓢ 64
인건비 personnel expenses, labor costs Ⓣ 114, 115 Ⓢ 80
인공적 artificial Ⓣ 30 Ⓢ 21
인근 nearby Ⓣ 75 Ⓢ 49, 56
인부 worker, laborer Ⓣ 64–65 Ⓢ 44
인상되다 to be increased Ⓣ 110 Ⓢ 71, 80
인색하다 to be stingy Ⓣ 93 Ⓢ 60, 68
인성 character, personality Ⓣ 78, 84, 86, 87 Ⓢ 56, 57, 65, 123
인성을 함양하다 to cultivate a good character Ⓢ 57
인식 perception Ⓢ 28, 74
인위적 artificial, man-made Ⓣ 148, 176 Ⓢ 104
인재 talented person Ⓣ 24, 25, 82, 203 Ⓢ 20, 34, 53, 97
인적 사항 personal details Ⓣ 200 Ⓢ 20
일구다 to cultivate, to reclaim Ⓢ 115
일일이 each and every one Ⓢ 66
일주문 single-pillar gate, front gate of a temple Ⓣ 66 Ⓢ 45
일직선 straight line Ⓣ 166, 167, 208 Ⓢ 110, 116
일회용품 사용을 줄이다 to reduce use of disposable items Ⓢ 105
임기 term, tenure Ⓢ 122
임대료 rental fee Ⓣ 114, 115 Ⓢ 80
임하다 to face, to deal with Ⓣ 116, 160 Ⓢ 18, 105
입맛을 다시다 to lick one's lips Ⓢ 45
입맛을 돋우다 to stimulate the appetite Ⓢ 45
입맛을 되찾다 to regain one's appetite Ⓢ 45
입맛을 맞추다 to suit one's tastes Ⓢ 45
입맛을 사로잡다 to captivate one's tastes Ⓢ 45
입맛을 잃다 to lose one's appetite Ⓢ 45
입맛이 당기다 to be appetizing Ⓢ 45
입맛이 돌다 to be hungry Ⓢ 45
입맛이 떨어지다 to have no appetite Ⓢ 45
입버릇처럼 말하다 to say something habitually Ⓢ 69
입소문 word of mouth Ⓣ 202 Ⓢ 38, 44
입식 designed for use of chairs and beds Ⓣ 171, 173 Ⓢ 112, 116
입에 발린 말 lip service Ⓢ 69
잇속 profit, self-interest Ⓣ 165 Ⓢ 109, 116

자국 mark, scar Ⓣ 190, 191, 207 Ⓢ 128
자락 hem Ⓣ 66 Ⓢ 45
자리매김하다 to maintain a certain position/rank Ⓣ 160 Ⓢ 104
자자하다 to be widely spread Ⓢ 37
자재 material Ⓣ 100 Ⓢ 68
자제하다 to refrain, to control oneself Ⓢ 62
자체 itself, on its own Ⓣ 48, 118, 176, 188, 201 Ⓢ 32, 77
작고하다 to die, to pass away Ⓢ 93
잔디 grass, lawn Ⓣ 167, 208 Ⓢ 116
잠재력 potential Ⓣ 82, 117, 118 Ⓢ 80
장기 (human body) organ Ⓣ 31, 33 Ⓢ 21
장독 earthenware crock Ⓣ 58, 202 Ⓢ 44
장묘 funeral and cremation Ⓣ 132, 133 Ⓢ 92
장바구니를 사용하다 to use an eco bag Ⓢ 105
장인 meister, master (in a certain field) Ⓣ 202 Ⓢ 44
장치 device Ⓣ 166, 167, 208 Ⓢ 116
재건축 reconstruction Ⓢ 59, 117
재건축하다 to reconstruct Ⓢ 117
재고품 leftover stock, inventory Ⓢ 14
재능 기부 talent donation Ⓣ 22, 23, 33, 200 Ⓢ 13, 20
재능을 발휘하다 to demonstrate talent Ⓢ 129
재방문 re-visit Ⓣ 112, 122 Ⓢ 80
재수 repeating (studies for the college entrance exams) Ⓣ 152 Ⓢ 23, 104
재잘재잘 chattily Ⓣ 106 Ⓢ 69
재정 finance Ⓢ 38
재촉하다 to hurry, to push Ⓢ 94
재해 disaster Ⓣ 24 Ⓢ 20, 103
쟁점 the point/issue Ⓣ 76 Ⓢ 56
저 세상으로 가다 to pass onto the other world Ⓢ 93
저조하다 to be low Ⓣ 28 Ⓢ 20, 35, 87
적립카드를 발급하다 to issue a loyalty card Ⓢ 81

적법하다 to be lawful/legal Ⓢ 86
적재적소 the right person in the right place Ⓣ 82 Ⓢ 53, 56
적정 proper, reasonable Ⓣ 30 Ⓢ 21
전경 overall view Ⓣ 66 Ⓢ 45
전기를 절약하다 to save electricity Ⓢ 105
전라북도 Jeollabuk-do Province, North Jeolla Province Ⓣ 58 Ⓢ 44
전량 all, whole amount Ⓢ 78
전력 fighting power Ⓣ 89 Ⓢ 57
전수하다 to pass on Ⓣ 82 Ⓢ 56
전업 changing one's job Ⓣ 143 Ⓢ 93
전원주택에 살다 to live in the country Ⓢ 117
전전하다 to wander Ⓣ 136 Ⓢ 88, 93
전편 previous movie/ episode/ installment Ⓢ 23
전폭적 all-out, complete Ⓣ 70 Ⓢ 45
절감 reduction Ⓣ 119 Ⓢ 80
절전 power saving, energy efficiency Ⓣ 147 Ⓢ 104
절터 temple site Ⓣ 66 Ⓢ 45
절판되다 to go out of print Ⓣ 183 Ⓢ 120, 128
젊은 나이에 요절하다 to die young Ⓢ 93
점유율 share Ⓣ 118 Ⓢ 80
점자 Braille Ⓣ 22, 23, 200 Ⓢ 20
접목되다 to be grafted onto, to be incorporated Ⓢ 74
접전 close game Ⓣ 124 Ⓢ 78, 81
접착제 adhesive Ⓣ 48 Ⓢ 32
정교하다 to be delicate, to be elaborate Ⓣ 208 Ⓢ 116
정규 교육 regular education Ⓣ 82 Ⓢ 56
정년퇴직 retirement (due to age limit) Ⓢ 102
정서 emotion, sentiment Ⓢ 57, 85
정서적 안정감을 주다 to provide emotional stability Ⓢ 57
정적 silent, still Ⓣ 209 Ⓢ 128
제자 design Ⓣ 95–97 Ⓢ 68
제자리 original/right place Ⓣ 98 Ⓢ 63, 68
제정신 sound mind, clear state of mind Ⓢ 111
조각조각 pieces Ⓣ 50 Ⓢ 33
조력 tidal power Ⓣ 148 Ⓢ 104
조문객 consoler, mourner Ⓣ 132 Ⓢ 92
조사 postposition, postpositional word Ⓣ 99–101, 204 Ⓢ 60, 64, 65, 68, 70, 123
조성하다 to create, to form Ⓣ 56 Ⓢ 35, 44
조작 operation, control Ⓢ 123
조절되다 to be adjusted Ⓣ 208 Ⓢ 116
조합하다 to combine Ⓣ 94, 118 Ⓢ 68
종말 end Ⓣ 134 Ⓢ 92
종전 before, previously Ⓣ 80 Ⓢ 56
좌담회 discussion, round table talk Ⓣ 86, 87 Ⓢ 57
좌식 designed for sitting and sleeping on the floor Ⓣ 171–173 Ⓢ 112, 116
좌절하다 to despair, to be frustrated Ⓣ 192 Ⓢ 129
주관식 subjective Ⓣ 104, 105 Ⓢ 68
주먹구구 rule of thumb, rough estimation Ⓣ 150 Ⓢ 104
주상복합아파트 mixed commercial-residential building Ⓢ 117
주어 subject Ⓣ 99–102, 204 Ⓢ 39, 65, 68
주입식 교육에서 벗어나다 to move away from rote learning Ⓢ 57
주택 마련 적금 home mortgage savings/ deposits Ⓣ 110 Ⓢ 71, 80
주택을 매매하다 to sell a house Ⓢ 117
주택을 설계하다 to design a house Ⓢ 117
주택을 임대하다 to lease a house Ⓢ 117
줌 handful Ⓢ 90
중도 the middle path Ⓣ 82, 84 Ⓢ 52, 56
중병 serious illness Ⓣ 128 Ⓢ 92
즐비하다 to stand in a row, to line (the street) Ⓣ 57 Ⓢ 44
증거 evidence, proof Ⓣ 107, 170, 209 Ⓢ 111, 128
증대시키다 to increase Ⓣ 118, 119, 185 Ⓢ 80
지구촌 global village Ⓣ 24, 154 Ⓢ 20
지능 intelligence Ⓣ 201 Ⓢ 26, 32
지덕체를 강조하다 to emphasize wholistic education Ⓢ 57
지도력 leadership Ⓢ 41
지양하다 to stop, to refrain from Ⓣ 207 Ⓢ 104
지원하다 to apply for Ⓣ 20, 200 Ⓢ 20, 27, 24

지점 point Ⓣ 118, 182 Ⓢ 80, 119

지지 support Ⓣ 70, 179 Ⓢ 117, 122

직거래 direct trade Ⓣ 114, 115, 119 Ⓢ 80

직관적 intuitive Ⓣ 201 Ⓢ 32

진동하다 to shake, to vibrate Ⓣ 202 Ⓢ 44

진땀을 빼다 to sweat from anxiety Ⓢ 49

진술하다 to state, to explain Ⓣ 188 Ⓢ 128

집을 허물다 to demolish a house Ⓢ 117

집착하다 to stick to, to obsess about Ⓣ 187, 203 Ⓢ 56

짚 straw Ⓣ 168 Ⓢ 116

쨍쨍하다 to be bright Ⓣ 53 Ⓢ 33

차별화되다 to be distinguished, to be differentiated Ⓣ 50, 51, 59, 192, 202 Ⓢ 33, 38, 44, 129

차원 perspective, dimension Ⓣ 33, 77, 120, 154, 155, 206 Ⓢ 56

차점자 runner-up Ⓢ 95

차질 failure, setback Ⓢ 62

찬란하다 to be brilliant, to be splendid Ⓣ 32 Ⓢ 21, 41

찰과상 abrasion Ⓢ 106

참견 interference Ⓣ 75 Ⓢ 56–84

찹쌀 glutinous rice Ⓣ 58 Ⓢ 44

창업하다 to start a business Ⓣ 111 Ⓢ 80, 100

창의력 creativity Ⓣ 40, 41, 201, 209Ⓢ 26, 32, 121, 122, 129

창의력을 키우다 to nurture originality Ⓢ 129

창작 활동에 전념하다 to concentrate on creative activity Ⓢ 129

창작의 고통을 느끼다 to experience the pain of creation Ⓢ 129

창제 creation Ⓣ 94–97, 204 Ⓢ 61, 68

창제하다 to create, to invent Ⓣ 96, 97 Ⓢ 61, 68

창조적 표현 creative expression Ⓢ 129

창출하다 to create Ⓣ 117, 119 Ⓢ 80

채굴하다 to mine Ⓣ 207 Ⓢ 97, 104

채택하다 to select, to adopt Ⓣ 96 Ⓢ 68

처마 eaves Ⓣ 166, 208 Ⓢ 116

처지 circumstances Ⓢ 111

처참하다 to be wretched, to be appalling Ⓣ 24 Ⓢ 20

척척 promptly, deftly Ⓣ 89 Ⓢ 57

천막 tent Ⓣ 46 Ⓢ 32

천문학적이다 to be astronomical Ⓢ 36

천불동 Thousand-Buddha cave Ⓣ 66 Ⓢ 45

천일염 sea salt Ⓣ 60 Ⓢ 44

천지인 heaven, earth, and man Ⓣ 96, 97 Ⓢ 68

천편일률 everything is the same Ⓣ 82 Ⓢ 56

철거 demolition Ⓣ 153 Ⓢ 104

철봉 horizontal bar Ⓣ 164 Ⓢ 116

청첩장 invitation card Ⓣ 20 Ⓢ 20, 70

체력이 달리다 to have weak stamina Ⓣ 26 Ⓢ 20

체벌 physical punishment Ⓣ 76 Ⓢ 56

초래하다 to bring about, to cause Ⓣ 148, 172, 207 Ⓢ 97, 104

초창기 early period/stage Ⓣ 24 Ⓢ 20

총력 all one's energy Ⓣ 170 Ⓢ 111, 116

총점 total score/marks Ⓣ 104 Ⓢ 68

최고치 highest point, highest value Ⓢ 79

최단기간 shortest amount of time Ⓢ 77

추기경 cardinal Ⓢ 126

추첨하다 to draw lotsⓉ 112 Ⓢ 80

추후 later, afterwards Ⓣ 169 Ⓢ 116

축성 wall construction Ⓣ 64 Ⓢ 44

축적되다 to be accumulated/piled up Ⓣ 81 Ⓢ 56

축조 structure, construction Ⓣ 65 Ⓢ 45

축조되다 to be built Ⓣ 64, 65 Ⓢ 45

출제하다 set a problem, make questions Ⓣ 104, 105 Ⓢ 68, 96

출판기념회 book launch Ⓣ 188 Ⓢ 128

충혈되다 to be bloodshot Ⓢ 114

취지 purpose, objective Ⓣ 23, 24, 82 Ⓢ 20

측면 aspect, side Ⓣ 192 Ⓢ 129

친언니 older sister Ⓢ 22

친족 kinship Ⓣ 102 Ⓢ 68

친환경 제품을 사용하다 to use eco-friendly goods Ⓢ 105

침몰하다 to sink Ⓣ 207 Ⓢ 103, 104

침수 flooding Ⓣ 146 Ⓢ 104

켜켜이 layered Ⓣ 66 Ⓢ 45

쿵쾅거리다 to stomp, to make a racket Ⓢ 72

퀴즈 quiz Ⓣ 104, 105 Ⓢ 68

타계하다 to pass on, to depart this life Ⓢ 93

타당하다 to be reasonable Ⓣ 84, 206 Ⓢ 92, 118

탁월하다 to be outstanding/excellent Ⓣ 116 Ⓢ 63, 80, 87

탄생 birth Ⓣ 48 Ⓢ 32

탄생하다 to be born, to be conceived Ⓣ 46, 47, 192 Ⓢ 32

탄탄하다 to be solid/strong Ⓢ 38

탈락 failure, expulsion Ⓣ 84 Ⓢ 52, 57

탈피 escape Ⓣ 43, 154 Ⓢ 32

탐방로 excursion path Ⓣ 63 Ⓢ 44

탐색 exploration Ⓣ 119 Ⓢ 29, 80

탑골공원 Tapgol Park Ⓢ 43

태교 prenatal education Ⓣ 131, 206 Ⓢ 85, 92

태아 embryo, fetus Ⓣ 131 Ⓢ 92

태연하다 to be calm, to keep one's face Ⓣ 194 Ⓢ 14, 129

터벅터벅 ploddingly Ⓣ 194 Ⓢ 129

테두리 edge, border Ⓢ 86

토끼풀 clover Ⓣ 194 Ⓢ 129

토양 soil Ⓣ 207 Ⓢ 104

통계청 Statistics Korea, bureau of statistics Ⓣ 188 Ⓢ 128

통로 passage, hallway Ⓣ 208 Ⓢ 116

통풍 ventilation Ⓣ 167, 168, 208 Ⓢ 116

투박하다 to be rough/crude Ⓣ 46 Ⓢ 32

투병 struggle against disease Ⓢ 90

투표소 voting booth Ⓣ 27, 28 Ⓢ 20

투표율 voting rate Ⓣ 27, 28 Ⓢ 17, 20

투표일 election day Ⓣ 27 Ⓢ 20

튀다 to scatter Ⓣ 50 Ⓢ 33

특가 상품 special deal Ⓢ 81

틈나다 to have spare time Ⓢ 127

틈새시장을 공략하다 to target a niche market Ⓢ 81

파란만장하다 to be full of ups and downs Ⓣ 136, 143 Ⓢ 91, 93

파산 bankruptcy, insolvency Ⓢ 42

판매 전략을 세우다 to establish a sales strategy Ⓢ 81

팽팽하다 to be tight Ⓣ 124 Ⓢ 81

퍼즐 puzzle Ⓣ 50 Ⓢ 33

펄펄 up and down, flying into a rage Ⓣ 138 Ⓢ 93

편의 convenience Ⓣ 44 Ⓢ 27, 80

펼쳐지다 to be spread out Ⓣ 137, 203 Ⓢ 56

평수 (floor) area Ⓣ 62 Ⓢ 39, 44

평평하다 to be flat Ⓣ 204 Ⓢ 61, 68

포장하다 to pave Ⓣ 170 Ⓢ 111, 116

표기법 orthography Ⓣ 95 Ⓢ 68

표를 던지다 to cast one's vote Ⓢ 21

표면적 on the surface, externally Ⓢ 65

표절하다 to plagiarize Ⓢ 60

표지 cover Ⓣ 189, 205 Ⓢ 80, 100

푸념하다 to grumble, to complain Ⓣ 21 Ⓢ 20

풀어 헤치다 to undo Ⓣ 190 Ⓢ 128

풀풀 strongly Ⓣ 64 Ⓢ 44

품 width, size Ⓣ 172 Ⓢ 116

품성이 바르다 to have an upright character Ⓢ 57

품행 conduct, behavior Ⓣ 81 Ⓢ 56

풍기다 to emanate Ⓣ 64 Ⓢ 44

풍력 wind power Ⓣ 148 Ⓢ 104

풍요롭다 to be abundant Ⓣ 24 Ⓢ 20

풍자적 satirical Ⓢ 121

피서지 resort, holiday destination Ⓣ 62, 75 Ⓢ 44, 49

필자 writer, author Ⓣ 30 Ⓢ 21

하늘나라로 가다 to go to one's rest Ⓢ 93

하마터면 almost, nearly Ⓣ 164 Ⓢ 106, 107, 116

학교 폭력을 예방하다 to prevent violence in schools Ⓢ 57

학식 learning Ⓣ 89, 204 Ⓢ 57

한 치 an inch Ⓣ 124 Ⓢ 81

한랭건조 cold and dry Ⓣ 61 Ⓢ 44

한몫하다 to play a part, to contribute to Ⓣ 186 Ⓢ 128

한양도성 Seoul City Wall Ⓣ 63–65 Ⓢ 44

한자리 in one place Ⓢ 101

함양하다 to foster, to cultivate Ⓣ 78, 84, 86 Ⓢ 56, 57
합성세제 synthetic detergent Ⓣ 158 Ⓢ 104
합성수지 plastic Ⓣ 48 Ⓢ 32
합의하다 to agree Ⓣ 207 Ⓢ 104
항쟁 struggle, resistance Ⓢ 40
해양 ocean Ⓣ 149, 207 Ⓢ 97, 104
햇살 sunshine Ⓣ 194 Ⓢ 129
행랑채 servants' quarters Ⓣ 168 Ⓢ 116
허둥지둥 in haste Ⓣ 129 Ⓢ 84, 92
허영심 vanity Ⓣ 191 Ⓢ 125, 128
헌책방 used bookstore Ⓣ 183 Ⓢ 120, 128
헌혈 blood donation Ⓣ 30, 31, 33 Ⓢ 21
헐레벌떡 hurriedly Ⓣ 129 Ⓢ 84, 92
헐리다 to demolish Ⓣ 64 Ⓢ 44
험담 slander, backbiting Ⓢ 39
헤매다 to wander, to roam Ⓣ 71 Ⓢ 45
혁신 innovation Ⓣ 82, 153 Ⓢ 104
현실성 feasibility Ⓣ 185 Ⓢ 128
현지 local area, on site Ⓣ 44 Ⓢ 32
협동 정신을 기르다 to cultivate a sense of cooperation Ⓢ 57
형사 detective Ⓣ 70 Ⓢ 45
형상화하다 to give shape to Ⓣ 204 Ⓢ 61, 68
호기심 curiosity Ⓣ 48 Ⓢ 32
화단 flower bed Ⓢ 107
화석연료 fossil fuel Ⓣ 207 Ⓢ 104
화순군 Hwasun-gun, Hwasun County Ⓣ 66 Ⓢ 45
화장 cremation Ⓣ 132, 133 Ⓢ 92
확신 conviction, confidence Ⓣ 120, 190, 194, 203 Ⓢ 50, 56
확충하다 to increase, to expand Ⓣ 56 Ⓢ 35, 44
환기하다 to call, to awaken (emotions) Ⓣ 43 Ⓢ 32
환원 returning, giving back Ⓣ 24 Ⓢ 20
환하다 to be bright Ⓣ 32 Ⓢ 21
환호성을 지르다 to cheer Ⓣ 124 Ⓢ 81
활성화 activation, promotion Ⓣ 33, 165, 185 Ⓢ 21, 109
회수하다 to reclaim, to recover Ⓣ 110 Ⓢ 78, 80
회의 doubt, misgivings Ⓣ 154 Ⓢ 88, 104
회전식 revolving Ⓣ 57 Ⓢ 37, 44
획 stroke Ⓣ 95, 96, 204 Ⓢ 68
획기적 radical, innovative Ⓣ 49 Ⓢ 32
효심 filial piety Ⓣ 194 Ⓢ 129
효율 efficiency Ⓢ 35, 113
효험 effect Ⓣ 206 Ⓢ 85, 92
후보를 찍다 to vote for a candidate Ⓢ 21
후자 the latter Ⓣ 205 Ⓢ 80
훈계조 preaching tone Ⓣ 128 Ⓢ 92
훈민정음 Hunminjeongeum (original name of Hangeul) Ⓣ 96, 97 Ⓢ 68
휘다 to bend Ⓣ 161, 203 Ⓢ 50, 105
휴게소 rest stop, rest area Ⓣ 178 Ⓢ 117
흉 fault Ⓣ 129, 206 Ⓢ 84, 92
흉악하다 to be bad, to be wicked Ⓣ 70 Ⓢ 45
흉측하다 to be awful, to be grusome Ⓣ 190 Ⓢ 128
흉하다 to be ugly, to be unsightly Ⓣ 190 Ⓢ 128
흐드러지다 to be in full bloom Ⓣ 68 Ⓢ 45
흔히 commonly, usually Ⓣ 84, 201 Ⓢ 32
흥겹다 to be exciting Ⓣ 209 Ⓢ 128
흥정 bargain Ⓣ 93 Ⓢ 60, 68
힘입다 to be indebted to Ⓣ 84 Ⓢ 57

About the Authors

조인숙 In Sook JO
이화여자대학교 언어교육원 강사
Instructor of ELC, Ewha Womans University
연세대학교 한국학협동과정 한국어교육전공 박사과정
ABD. in Korean Studies, Yonsei University

오유영 Yu Young Oh
이화여자대학교 언어교육원 전임강사
Full-Time Instructor of ELC, Ewha Womans University
이화여자대학교 국제대학원 한국학과 한국어교육전공 박사 수료
ABD. in Korean Studies, Ewha Womans University